Das Beste von
Eugen Roth

Das Beste
von Eugen Roth

Zusammengestellt von
Christine Reinhardt

Anaconda

Penguin Random House Verlagsgruppe FSC® N001967

Lizenzausgabe mit Genehmigung der
Carl Hanser Verlag GmbH & Co. KG, München
© 2008 Carl Hanser Verlag GmbH & Co. KG, München

Die Deutsche Nationalbibliothek verzeichnet diese Publikation
in der Deutschen Nationalbibliografie; detaillierte bibliografische Daten
sind im Internet über http://dnb.d-nb.de abrufbar.

© dieser Ausgabe 2020, 2022 by Anaconda Verlag,
einem Unternehmen der Penguin Random House
Verlagsgruppe GmbH, Neumarkter Straße 28, 81673 München
Alle Rechte vorbehalten.
Umschlagmotiv: Philip Waechter
Umschlaggestaltung: Druckfrei. Dagmar Herrmann, Bad Honnef,
nach dem Umschlagentwurf der Originalausgabe von Birgit Schweitzer
Druck und Bindung: CPI books GmbH, Leck
Printed in the EU
ISBN 978-3-7306-0921-7
www.anacondaverlag.de

Inhalt

Rat

Schau in die Welt so vielgestaltig,
Sorgfältig, doch nicht sorgenfaltig!

Du möchtest gern alleine wandern –
Doch ständig stören dich die andern

Von Menschen und Mitmenschen

Die andern

Du möchtest gern alleine wandern –
Doch ständig stören dich die andern.
Auch *du* bist – das bedenke heiter! –
Ein andrer andern, und nichts weiter.

Für Edelmütige

Ein Mensch ist edel, hilfreich, gut,
So daß er viel für andre tut –
Auch noch, nachdem er festgestellt:
Es gibt nur »andre« auf der Welt.

Zeitmangel

Ein Mensch hat, obzwar hilfsbereit,
Für seinen Nächsten nicht mehr Zeit.
Denn diese Zeit stiehlt ihm der Frechste –
Auch wenn er erst der Übernächste.

Unerwünschter Besuch

Ein Mensch, der sich zu Hause still
Was Wunderschönes dichten will,
Sucht grad auf Lenz sich einen Reim,
Als in das sonst so traute Heim
Ein Mann tritt, welchen er zu treten
In keiner Weise hat gebeten.
»Ich seh«, sagt dieser, »daß ich störe.
Sie schreiben grade – nun, ich schwöre,
Sie gar nicht lange aufzuhalten,
Ich weiß, man will ein Werk gestalten,
Ist just an einer schweren Stelle –
Da tritt ein Fremdling auf die Schwelle.
Ich komm nicht, Sie zu unterbrechen,
Ich will nur knapp zwei Worte sprechen.
Nur keine Bange – fünf Minuten,
Ich denk nicht, Ihnen zuzumuten,
Mir mehr zu opfern. Zeit ist Geld,
Und Geld ist rar heut auf der Welt.«
Der Mann noch weiterhin bekräftigt,
Er wisse, wie der Mensch beschäftigt,
Und sei darum von ganzer Seele
Bedacht, daß er nicht Zeit ihm stehle.
Der Mensch wird, etwa nach drei Stunden,
Zerschwätzt an seinem Tisch gefunden.

Der Besuch

Ein Mensch kocht Tee und richtet Kuchen:
Ein holdes Weib wird ihn besuchen –
Der Kenner weiß, was das bedeutet!
Ha, sie ist da: es hat geläutet.
Doch weh! Hereintritt, sonngebräunt
Und kreuzfidel ein alter Freund,
Macht sich's gemütlich und begrüßt,
Daß Tee ihm den Empfang versüßt;
Und gar, daß noch ein Mädchen käm,
Ist ihm, zu hören, angenehm
Und Anlaß zu recht rohen Witzen.
Der arme Mensch beginnt zu schwitzen
Und sinnt, wie er den Gast vertreibt,
Der gar nichts merkt und eisern bleibt.
Es schellt – die Holde schwebt herein:
Oh, haucht sie, wir sind nicht allein?!
Doch heiter teilt der Freund sich mit,
Daß er es reizend find zu dritt.
Der Mensch, zu retten noch, was bräutlich,
Wird aus Verzweiflung endlich deutlich.
Der Freund geht stolz und hinterläßt
Nur einen trüben Stimmungsrest:
Die Jungfrau ist zu Zärtlichkeiten
Für diesmal nicht mehr zu verleiten.

Die Postkarte

Ein Mensch vom Freund kriegt eine Karte,
Daß der sein Kommen froh erwarte;
Und zwar (die Schrift ist herzlich schlecht!)
Es sei ein jeder Tag ihm recht.
Der Kerl schreibt wie mit einem Besen!
Zwei Worte noch, die nicht zum Lesen!
Der Mensch fährt unverzüglich ab –
Des Freundes Haus schweigt wie ein Grab.
Der Mensch weiß drauf sich keinen Reim,
Fährt zornig mit dem Nachtzug heim.
Und jetzt entdeckt er – welch ein Schlag!
Der Rest hieß – »Außer Donnerstag!«

Einladungen

Ein Mensch, der einem, den er kennt,
Gerade in die Arme rennt,
Fragt: »Wann besuchen Sie uns endlich?!«
Der andre: »Gerne, selbstverständlich!«
»Wie wär es«, fragt der Mensch, »gleich morgen?«
»Unmöglich, Wichtiges zu besorgen!«
»Und wie wär's Mittwoch in acht Tagen?«
»Da müßt ich meine Frau erst fragen!«
»Und nächsten Sonntag?« »Ach wie schade,
Da hab ich selbst schon Gäste grade!«
Nun schlägt der andre einen Flor
Von hübschen Möglichkeiten vor.
Jedoch der Mensch muß drauf verzichten,
Just da hat er halt andre Pflichten.
Die Menschen haben nun, ganz klar,
Getan, was menschenmöglich war
Und sagen drum: »Auf Wiedersehen,
Ein andermal wird's dann schon gehen!«
Der eine denkt, in Glück zerschwommen:
»Dem Trottel wär ich ausgekommen!«
Der andre, auch in siebten Himmeln:
»So gilt's, die Wanzen abzuwimmeln!«

Der Besuch

Die freundlich-unverbindliche Aufforderung, gelegentlich bei uns vorbeizuschauen, hatte ein weitläufig Bekannter so ernst genommen, daß er schon am nächsten Nachmittag vor der Türe stand. Ich hätte, von Terminen bedrängt, weiß Gott Wichtigeres vorgehabt als ein Plauderstündchen, aber – ein Mann, ein Wort – ich begrüßte den hereingeschneiten Gast mit so viel Wärme, daß er hätte auftauen müssen, wenn er nicht eben ein Eiszapfen gewesen wäre, bei dem alle Schmelzversuche vergeblich waren.

Ich wußte nicht, wozu er gekommen war, einsilbig saß er da, schweigend trank er den Kaffee, den ihm meine Frau brachte, linkisch stocherte er im Kuchen herum, in stummer Bedächtigkeit rauchte er eine Zigarre, umständlich sog er an seinem Kirschwasser: nichts wußte er zu rühmen. Die Zeit ging und ging, aber ich unterdrückte jede Anwandlung von Ungeduld; der Nachmittag ist sowieso schon hin, dachte ich, also mache ich's gleich ganz ab und sühne meine Leichtfertigkeit. Ein Dutzend von Gesprächen suchte ich einzufädeln, meine Bücher zeigte ich ihm und meine Sammlungen, ich kann es auf meinen Eid nehmen, daß ich selten einen Gast liebreicher und aufmunternder gepflegt habe als diesen Mann, der obendrein Freudensprung hieß. Hätte er mehr Format gehabt, hätte es wenigstens zu einem steinernen Gast gereicht, es blieb aber nur ein hölzerner; ein Pfahl in meinem Fleische. Und als er endlich aufbrach – ich stelle noch einmal fest, daß ich alles an ihn verschwendet hatte, was zu bieten war: Zeit, Kaffee, Kuchen, Zigarre und Schnaps und wiederum Zeit – da tat er es mit den Worten: »Ich sehe schon, daß ich Ihnen heut ungelegen gekommen bin, vielleicht darf ich ein andermal mein Glück versuchen!«

Einladungen

Ein Mensch in Wurmesqual sich windet,
Weil er, wie seine Gattin findet,
Die Schnacks – welch widriger Entschluß! –
Zum Sonntagsbraten bitten *muß*:
»Du weißt, seit fast zwei Jahren schon ...«
Wild geht der Mensch ans Telefon –
Doch horcht!, wie jäh die Stimm er modelt
Und hocherfreut Frau Schnack bejodelt.
Auch diese, innerlich entgeistert,
Die Schrecksekunde kunstvoll meistert:
Ganz reizend! Nur, um zuzusagen,
Müßt sie doch ihren Mann erst fragen.
Herr Schnack, nach wilden Wutergüssen,
Knurrt: Nichts zu machen, Frau, wir müssen.
Frau Schnack spricht also wieder fern:
»Natürlich – wirklich rasend gern!«
Zwei Paare schätzen nun die Posten
Der mit dem Scherz verbundenen Kosten:
Hier sind's das Essen und der Wein,
Doch auch die andern sind nicht klein:
Die Blumen, Taxi hin und her,
Trinkgeld, Friseuse und noch mehr –
Nur zu dem Zwecke, daß man lügt
Und der Gesellschaftspflicht genügt.
Doch man versichert sich beim Gehn:
»Man sollte sich viel öfter sehn!«

Lauter Bekannte

Ein Mensch, bei einem Stehempfang,
Schwätzt herzlich, viertelstundenlang,
Mit einem zweiten, den er kennte,
Wenn der nur seinen Namen nennte.
Ein dritter heimlich ihn beschleicht:
»Verzeihn Sie, wissen *Sie* vielleicht?«
Der Mensch kennt dunkel nur den dritten;
Ein vierter, fünfter, sechster bitten,
Zu sagen ihm, mit wem er spricht.
Doch kennt der Mensch auch diese nicht.
Ein siebenter mischt ohne Zaudern
Sich mit in das vertraute Plaudern,
Ein achter gleichfalls nun so tut,
Als kennt er all die Herren gut.
Ein neunter, der den Saal durchstreunt,
Begrüßt den Menschen: »Alter Freund!«
Dem zehnten flüstert zu der elfte,
Bekannt komm vor ihm kaum die Hälfte.
Nun ist ein Dutzend schon vereint,
In dem von jedem jeder meint,
Er könnt ihm, wer die andern wären,
Auf das genaueste erklären.
Doch, ohne daß sich wer entpuppe,
Zerstreut sich wiederum die Gruppe,
Sich neu zu ballen, neu zu trennen –
Und lauter Leute, die sich kennen!

Der Fahrgast

Ein Mensch, der's eilig hat, hat Glück:
Ein Auto nimmt ihn mit ein Stück,
Ja, im Gespräch stellt sich heraus:
»Da bring ich Sie ja fast vors Haus! –
Nur ein Momenterl, bitte, ja,
Ich geb was ab – gleich wieder da!«
Der Mensch denkt, wartend mit Behagen
»Das ist halt nobel, so im Wagen!«
Doch langsam fängt er an zu bluten:
Versprach der Herr nicht, sich zu sputen?
Da kommt er ja! Kaum, daß er sitzt,
Geht's fort schon, daß es nur so flitzt.
»Jetzt bloß noch einen Augenblick,
Ich schau was nach in der Fabrik!«
Der Wagen braust, der Wagen hält.
Und die Fabrik liegt aus der Welt.
Der Mensch, auf Gnad und Ungenaden,
Dem Herrn, der ihn zur Fahrt geladen,
Hier in der Wüste ausgeliefert,
Fühlt, wie es bröckelt schon und schiefert:
Erst reißt die Firnis stolzer Huld,
Dann, tiefer gehend, die Geduld.
Er wechselt nun, von Dank und Lob
Zu dem Entschluß: Bald werd ich grob.
Und wird's, wie jetzt der Herr erklärt,
Daß er noch schnell nach Schwabing fährt.
Zwei schwören nunmehr, die sich hassen:
Nie mehr mitfahren, – nie mehr lassen!

Ahnungslos

Ein Mensch hört staunend und empört,
Daß er, als Unmensch, alle stört:
Er nämlich bildet selbst sich ein,
Der angenehmste Mensch zu sein.
Ein Beispiel macht Euch solches klar:
Der Schnarcher selbst schläft wunderbar.

Störungen

Herzklopfen bessern Hoffmannstropfen.
Doch nichts hilft gegen Teppichklopfen.

Der leise Nachbar

Ein Mensch für seinen Nachbarn schwärmt,
Der, während rings die Welt sonst lärmt
Und keines Menschen Nerven schont,
Sein Zimmer mäuschenstill bewohnt.
Er hat – wie ist der Mensch drum froh! –
Nicht Wecker und nicht Radio.
Nichts hört man, kein Besuchsgeplapper,
Kein Trippeltrappeln, kein Geklapper
Von Eßgerät und Schreibmaschinchen:
Der Mann ist leis wie ein Kaninchen.
Der Mensch jetzt angestrengt schon lauscht,
Ob gar nichts raschelt oder rauscht,
Er wünscht, bald schlaflos von der Folter,
Sich nur ein Niesen, ein Gepolter –
Zum Beispiel ausgezogner Schuhe –
Vergeblich – rings herrscht Grabesruhe.
Ermangelnd jeglicher Geräusche
Fragt sich der Mensch, ob er sich täusche
Und jener Mann, – den er doch kennt! –
Vielleicht nicht leiblich existent?
Schon zieht der Wahnsinn wirre Kreise
Doch bleibt der Nachbar leise, leise.

Der Husten

Der Husten wählt sich mit Bedacht
Zum Wirkungskreis die stille Nacht,
Damit er nicht alleine stört
Dich, dem der Husten selbst gehört; –
Mit atem-schöpferischer Pause
Weckt alle Leute er im Hause,
Die wach nun auf der Lauer liegen:
Wann wirst du deinen Anfall kriegen!?
Der Nachbarn Mitleid ist bescheiden
Bei *andern*, lautlos-stummen Leiden –
Doch müssen hier sie sich bequemen
Und Anteil an dem Husten nehmen.
Aus Selbstsucht schon wünscht Alt und Jung
Dir herzlich: »Gute Besserung!«

Das Muster

Man kennt im Gasthaus die Besteller,
Die schaun erst auf des Nachbarn Teller:
Und äße der den Bart Jehovas,
Sie sprächen: »Ober, mir auch so was!«
Dieselbe Sorte Mensch erwählt
Die Krankheit, die grad wer erzählt
Und kriegt, in des Berichts Verlauf,
Erst richtig Appetit darauf.

24

Der rechte Arzt

Fehlt dir's an Leber, Lunge, Magen,
Mußt du es den Bekannten sagen,
Damit sie, die dir Heilung gönnen,
Dir ihren Arzt verraten können.
Ist deine Krankheit eine schwierige,
Kann keiner helfen als der *ihrige*.
Sie möchten's schriftlich dir bescheinigen,
Daß du verratzt bist mit dem deinigen.
Herr Meier, der sich unterfing
Und nicht zu *ihrem* Doktor ging –
Es fehlte ihm wie dir das gleiche –
War nach sechs Wochen eine Leiche.
Herrn Schmidt, der auch es ausgeschlagen,
Den hat man bald hinausgetragen,
Den braven Mann, den unermüdlichen,
Er liegt im Friedhof jetzt, im südlichen.
Doch Schneckenbeck, für dessen Leben
Kein Mensch ein Fünferl mehr gegeben,
Dem gab *ihr* Doktor eine Salbe:
Jetzt trinkt er täglich siebzehn Halbe!
Drum, willst du sinken nicht ins Grab,
Dann laß von deinem Doktor ab
Und lasse nur noch einen holen,
Der von Bekannten dir empfohlen,
Weil du nur dann – wenn doch du stirbst –
Ein Recht auf Mitleid dir erwirbst.
Sonst sagen sie nur, tief empört:
Er hat ja nie auf uns gehört!

Besuche

Liegst du in deinem Krankenzimmer,
Dann freun Besuche dich fast immer.
Du harrst von Stund zu Stunde still,
Ob einer zu dir kommen will:
Just, wenn des Hemdes du ermangelst,
Nach der bewußten Flasche angelst,
In heißen Fieberträumen flatterst,
In einem kalten Wickel schnatterst,
Das Thermometer stumm bebrütest,
In jähem Schmerzensanfall wütest –
Dann, für Minuten unerbeten,
Wird einer in dein Zimmer treten
Und gleich, errötend, wieder gehen
Ganz leise, taktvoll auf den Zehen …
Ein andermal an deinem Lager
Stehn grade Bruder, Schwester, Schwager:
Nach leeren Wochen plötzlich drei –
Als vierter kommt der Freund vorbei.
Er kündet jedem, der erbötig:
»Besuche hat der gar nicht nötig!«
Und wieder liegst, in dumpfer Pein,
Du lange Tage ganz allein.

Mitmenschen

Ein Mensch schaut in der Straßenbahn
Der Reihe nach die Leute an:
Jäh ist er zum Verzicht bereit
Auf jede Art Unsterblichkeit.

Nächstenfurcht

Was immer einer denk und tu,
Das trau er auch dem andern zu.
Und er beherzige, vorsichtshälber:
»Fürcht deinen Nächsten wie dich selber!«

Stoßseufzer

Ein hohes Lob für Zeitgenossen
Ist heute, daß sie aufgeschlossen.
Wir aber wüßten manchmal gern:
Wie wärn sie wieder zuzusperrn?

Ein Mensch, der eine Freundin hatte,
Ist jetzt, seit Jahren schon, ihr Gatte

Von Männern, Frauen und den Folgen

Unverhofftes Glück

Ein Herr stieg in Bebra verkehrt um:
Doch wär's, daß er drob sich beschwer, dumm:
Ein Wut-erst-Durchtobter
Grüßt jetzt als Verlobter! –
Des Schicksals Weg ist oft sehr krumm.

Bühne des Lebens

Ein Mensch, von einem Weib betrogen,
Ergeht sich wüst in Monologen,
Die alle in dem Vorsatz enden,
Sich an kein Weib mehr zu verschwenden.
Doch morgen schon – was gilt die Wette? –
Übt wieder dieser Mensch Duette.

Kleine Ursachen

Ein Mensch – und das geschieht nicht oft –
Bekommt Besuch, ganz unverhofft,
Von einem jungen Frauenzimmer,
Das grad, aus was für Gründen immer –
Vielleicht aus ziemlich hintergründigen –
Bereit ist, diese Nacht zu sündigen.
Der Mensch müßt nur die Arme breiten,
Dann würde sie in diese gleiten.
Der Mensch jedoch den Mut verliert,
Denn leider ist er unrasiert.
Ein Mann mit schlechtgeschabtem Kinn
Verfehlt der Stunde Glücksgewinn,
Und wird er schließlich doch noch zärtlich,
Wird er's zu spät und auch zu bärtlich.
Infolge schwacher Reizentfaltung
Gewinnt die Dame wieder Haltung
Und läßt den Menschen, rauh von Stoppeln,
Vergeblich seine Müh verdoppeln.
Des Menschen Kinn ist seitdem glatt –
Doch findet kein Besuch mehr statt.

Erfreulicher Irrtum

Ein Mensch sieht an der Straßenecke
Wie *er* meint, zu verruchtem Zwecke!
Ein Mädchen stehen, wohlgebaut …
Doch ach, wie er nun näher schaut,
Hält dieses wunderschöne Mädchen
Starr in den Händen ein Traktätchen,
Das es (statt seiner selbst) hält feil,
Um nichts besorgt als Seelenheil.
Der Mensch, bereit zur Sünde grad,
Schlägt ein den schmalen Tugendpfad,
Froh, daß dies Weib zu nichts verführe
Als zum Erwerbe der Broschüre.
Und lang noch dankt er dieser Frommen,
Daß er so billig weggekommen.

Ein Erlebnis

Ein Mensch erblickt ein Weib von fern
Und säh es aus der Nähe gern.
Er eilt herbei zu diesem Zweck,
Doch zwischen beiden liegt ein Dreck.
Der Mensch, ganz Auge, anzubeten,
Ist blindlings da hineingetreten.
Nicht angenehm für seine Schuhe –
Doch gut für seine Seelenruhe.

Der Tugendbold

Ein Mensch, und zwar von frommer Sitte,
Ging durch die Stadt in Sommermitte,
Wo, daß sie nicht durch Hitze leide,
Die Welt sich bot im leichten Kleide.
Ein Weib auch hatte, wohlgehüftet,
In solcher Weise sich gelüftet,
So daß es, wirklich schöngeschenkelt,
Doch von Moral nicht angekränkelt,
Zwar bunt, doch ziemlich ohne was,
Aufreizend auf dem Rade saß.
Der Mensch, der seine Augen stielte,
Wild nach des Weibes Blößen schielte –
Doch dann zum Himmel er sie hob –
Die Augen – sich zum Tugendlob:
Das Weib vermocht dem keuschen Knaben
Anhabend nichts, nichts anzuhaben.

Sitten-reinlich

Ein Bauernmädchen aus Kals
Das wusch sich zum Sonntag den Hals
Bis zum Ansatz vom Busen –
Denn tiefer zu schmusen,
Erlaubt sie dem Freund keinesfalls.

Entomologisches

Ein Mensch, als Ehemann sonst bräver,
Geriet an einen netten Käfer,
Mit dem er sich, moralgekräftigt,
Aus reinem Wissensdrang beschäftigt.
Er glaubt denn auch, er hätt entdeckt,
Ein neues, reizendes Insekt.
Doch leider war's nur eine Wanze,
Die beutegierig ging aufs Ganze.
Der Mensch bezahlte nun sein Wissen
Noch lange mit Gewissensbissen.

Kettenreaktion

Ein Mensch erzählt daheim, empört,
Daß – wie am Stammtisch er gehört –
In Wutausbrüchen, ungezügelt
Ein Unmensch seine Frau geprügelt.
Wie tut die Frau der Gattin leid:
»Da sieht man, wie ihr Männer seid!«
Schon reißt dem Menschen die Geduld:
»Vielleicht war *sie* auch mit dran schuld!?«
So sieht man bald die beiden streiten –
Und beinah kommt's zu Tätlichkeiten.
Ein dritter, lang und gut vermählt,
Gemütlich dies der Frau erzählt:
»Nie käm's bei uns zu solchem Hasse,
Weil ich mir alles bieten lasse!«
»Wer«, fängt die Frau an, aufzumucken,
»Wenn *ich* nicht, muß hier alles schlucken?«
Die sich jahrzehntelang vertragen,
Sind nah daran, sich auch zu schlagen.
Ein vierter hört und meldet das
Und schon wird Ernst, was grad noch Spaß.
Ein böses Wort das andre gibt –
Duett: »Du hast mich nie geliebt!«
Das böse Beispiel, unbestritten,
Verdirbt auch hier die guten Sitten.

Häuslicher Zwist

Der Gatte sprach wild zur Therese:
»Quatsch nicht, wenn grad Zeitung ich lese!«
»Lies nicht, wenn ich rede!« –
Fast täglich die Fehde:
Nie fanden sie die Synthese.

Konsultation

Wird ein Familienmitglied kränklich,
So zeigt sich jedermann bedenklich
Und – was auch ganz vernünftig – rät,
Zum Arzt zu gehen, eh's zu spät.
Man gibt so lange keine Ruhe,
Bis jener schwört, daß er es tue.
Man fragt ihn sanft, man fragt ihn grob,
Zum Schluß fragt man ihn nur noch: »ob?«
Er kann dann schon Gedanken lesen:
Ob nämlich er beim Arzt gewesen?
Je nun, er geht denn auch zum Schluß,
Weil er doch einmal gehen muß.
Fragt dann der Arzt schon in der Türe
Ihn höflich, was ihn zu ihm führe,
Kann er es sagen ganz genau:
»Nur der Befehl von meiner Frau!«

Guter Zuspruch

Wenn sonst ein Gatte an was litt,
Beleidete die Frau ihn mit.
Doch trifft man auch das Gegenteil –
Die Frau nur schimpft: »Natürlich, weil:
Du einfach nie zum Doktor gehst;
Barfuß auf kalten Böden stehst,
Nie pünktlich nimmst die Medizin,
Hinarbeitst selbst auf den Ruin,
Beim Baden immer untertauchst,
Den ganzen Tag Zigarren rauchst,
Hineinfrißt, was du nicht verträgst,
Am Ast, auf dem wir sitzen, sägst,
Zu jeder Warnung blöd nur lachst,
Nie ernstlich dir Gedanken machst – –
Das würde dir vielleicht so passen,
Als Witwe mich zu hinterlassen!«
So schlägt sie nieder ihn mit Keulen
Und jetzt fängt sie gar an zu heulen.
Der Mann, gelockert und bewässert,
Verspricht, daß er sich schleunig bessert. –

Strohwitwer

Der Urlaub ist erholsam meist
Nicht nur für den, der in ihn reist;
Auch den, der dableibt, freut die Schonung,
Die er genießt in stiller Wohnung.
So zählen zu den schönsten Sachen
Oft Reisen, die die andern machen!

Der Heuchler

Ein Kurgast schreibt aus Bad Nauheim,
Wie arg er sich langweile, schlau heim.
In Wahrheit mißt
Er bang schon die Frist,
Wo er wieder muß zu der Frau heim.

O tempora

Ein Mensch, der eine Freundin hatte,
Ist jetzt, seit Jahren schon, ihr Gatte.
Er hat's mit diesem Weibe schwer:
Es redet nämlich dumm daher.
Er meint, es werde täglich schlimmer –
Doch nein – so dämlich war sie immer.
Es liegt nur an der Jugend Schwund:
Süß klang Geschwätz aus süßem Mund.

Nach Jahr und Tag

Ein Mensch begegnet, nach Jahrzehnten,
Dem Weib, dem brünstig einst ersehnten,
Und, angesichts der Fleischesmassen,
Kann er es einfach nicht mehr fassen,
Daß so die Knospe aufgeblüht,
Die einst beunruhigt sein Gemüt,
Doch sieh! Die damals, ach, so kühle,
Schwimmt, schwelgt und schwärmt im Hochgefühle
Von süßen, unvergeßnen Stunden –
Die seinerzeit nicht stattgefunden.

Trauriger Fall

Ein Mensch, der manches liebe Jahr
Mit seinem Weib zufrieden war,
Dann aber plötzlich Blut geleckt hat,
Denkt sich: »Varietas delectat –«
Und schürt sein letztes, schwaches Feuer
Zu einem wilden Abenteuer.
Jedoch bemerkt er mit Erbosen,
Daß seine alten Unterhosen
Ausschließlich ehelichen Augen
Zur Ansicht, vielmehr Nachsicht, taugen,
Und daß gewiß auch seine Hemden
Ein fremdes Weib noch mehr befremden,
Daß, kurz, in Hose, Hemd und Socken
Er Welt und Halbwelt nicht kann locken.
Der Mensch, der innerlich noch fesche,
Nimmt drum, mit Rücksicht auf die Wäsche,
Endgültig Abschied von der Jugend
Und macht aus Not sich eine Tugend.

Weidmanns Heil

Ein Mensch, schon vorgerückt an Jahren,
Entschließt sich dennoch, Schi zu fahren,
Und zwar, weil er einmal erfuhr,
Daß in der Freiheit der Natur
Die Auswahl oft ganz unbeschreiblich
An Wesen, welche erstens weiblich
Und zweitens, die verhältnismäßig
Sehr wohlgestalt und schöngesäßig.
Der Mensch beschließt, mit einem Wort,
Die Häschenjagd als Wintersport.
Doch was er trifft auf Übungshügeln,
Kann seine Sehnsucht nicht beflügeln:
Dort fällt ja stets, seit vielen Wintern,
Das gleiche Volk auf dicke Hintern.
Die Häschen ziehn zu seinem Schmerz
Sich immer höher alpenwärts,
Und sind auch leider unzertrennlich
Vereint mit Wesen, welche männlich.
Der Mensch, der leider nur ein Fretter
Und kein Beherrscher jener Bretter,
Die einzig hier die Welt bedeuten,
Vermag kein Häschen zu erbeuten,
Weshalb er, anstatt Schi zu laufen,
Ins Kurhaus geht, sich zu besaufen.

Liebesspruch

Du bist nicht hier. Ich bin nicht dort,
Uns schwemmten böse Stunden fort.
Sie trugen mich in mich hinein,
Sie schlugen dich in dein Allein.

Doch glaube an den tiefen Sinn,
Die Liebe findet überall hin:
Sprich du mit mir das Zauberwort –
Dann bist du hier; dann bin ich dort.

Stadt ohne dich

Alle Straßen fallen müd zusammen,
Seit dein Leuchten sie nicht mehr zerteilt;
Keine Sonne kann sie mehr entflammen,
Wie sie auch sich in die Schluchten keilt.

Alle Häuser haben tote Blicke,
Seit dein Glanz sie nicht mehr überschwemmt,
Traurigkeit unendlicher Geschicke
Fällt aus allen Fenstern starr und fremd.

Menschen rinnen zäh durch Einsamkeiten,
Tausendfach im Boden dumpf verklebt;
Keiner, dem sich so die Augen weiten,
Daß er sie verzückt zum Lichte hebt.

Durch die Straßen wehn viel hundert Frauen,
Aber keine, Liebste, ist wie du.
Abendwolken, die ins Dunkel schauen,
Fallen müd wie meine Augen zu.

Zwei Knaben, die fanden 'nen Groschen –
Wie jäh war die Freundschaft erloschen

Vom Geldhaben und Geldnichthaben

Der unverhoffte Geldbetrag

Ein Mensch ergeht sich in Lobpreisung:
Man schickte ihm per Postanweisung
Ein nettes Sümmchen, rund und bar,
Auf das nicht mehr zu rechnen war.
Der Mensch hat nun die demgemäße
Einbildung, daß er Geld besäße
Und will sich dies und jenes kaufen
Und schließlich noch den Rest versaufen.
Doch sieh, schon naht sich alle Welt,
Als röche sie, der Mensch hat Geld!
Es kommen Schneider, Schuster, Schreiner
Und machen ihm das Sümmchen kleiner,
Es zeigen Krämer, Bäcker, Fleischer
Sich wohlgeübt als Bargeldheischer,
Dann macht das Gas, das Licht, die Miete
Den schönen Treffer fast zur Niete.
Vernommen hat die Wundermär
Auch der Vollstreckungssekretär,
(Es ist derselbe, den man früher
Volkstümlich hieß Gerichtsvollzieher.)
Und von der Gattin wird der Rest
Ihm unter Tränen abgepreßt.
Der Mensch, Geld kurz gehabt nur habend,
Verbringt zu Hause still den Abend.

Empfindlichkeit

Leicht überwinden wir den Schmerz,
Trifft er das leidgewohnte *Herz*.
Mühselger schon ist's zu ertragen,
Wenn etwas schwer uns liegt im *Magen*.
Am schlimmsten – etwa Geld verlieren! –
Das geht empfindlich an die *Nieren*.

Das liebe Geld

Zwei Knaben, die fanden 'nen Groschen –
Wie jäh war die Freundschaft erloschen:
'S wollt jeder der Knaben
Gefunden ihn haben:
Sie haben sich gründlich verdroschen.

Hereinfall

Ich geriet in ein Luxus-Hotel;
Den Preis überschlug ich da schnell
Und kam zum Befunde:
Fünf Mark in der Stunde!
Da reiste ich ab auf der Stell!

Begabung braucht's und Bienenfleiß,
Daß Bargeld man der Welt entreiß.

Thomas wird heftig ausgezankt, weil er das gute neue Taschentuch als Tintenwischer benutzt hat: »Ja, weißt du denn«, ruft die Mutter empört, »was so ein Taschentuch kostet?!« Thomas schweigt, duckt sich in sich selbst hinein und läßt die Flut des Tadels an sich ablaufen. »Zwei Mark kostet so ein Taschentuch!!« fährt ihn die zornige Mutter an. Thomas rollt sich ein bißchen auf, wie ein Igel, schaut uns vertrauensvoll an und sagt fröhlich: »Auf das hätte ich es auch geschätzt!«

Ein Aprilscherz

Vier oder fünf große Antiquare sitzen am Vorabend einer Versteigerung in München im Hotel beisammen, höchst ernsthaft, versteht sich, bis einer von ihnen draufkommt, daß morgen ausgerechnet der erste April ist. Da wollen sie doch einen Schabernack mit dem Versteigerer treiben!
Im Katalog finden sie ein schäbiges Blättchen, auf zwanzig Mark geschätzt, laut Herkunftsbezeichnung aus des Auktionators eignem Besitz – er hofft wohl, dieses armselige Papierschiffchen auf der Woge der Kauflust flottzumachen. Nun, das soll ihm gelingen: die fünf Herren machen aus, daß sie, mit erhobnen Fingern, das Blatt auf tausend Mark hinauftreiben – und was dann? Das bleibt ihr Geheimnis …
Die Versteigerung beginnt ein wenig zäh – da wird das bewußte Blatt aufgerufen, mit zehn Mark, wie üblich, dem halben Schätzpreis. Zwei Dutzend Finger oder Bleistifte gehen in die Höhe. Das Blatt steigt auf dreißig, auf hundert, auf zweihundert Mark. Immer noch sind zwölf, zehn, acht Hände erhoben. Wenn die paar Großen weiterbieten, denkt mancher Kleine, muß an dem Ding was dran sein; so ge-

wiegte Kenner, so schlaue Füchse geben die Gewähr, daß man nicht hereinfällt, wenn man noch höher mitbietet.

Aber jetzt, bei fünfhundert, sechshundert Mark sinken die Hände – bis auf die der Verschworenen. Eine Unruhe geht durch den Saal, ein Raunen, Köpfe werden reihenweise geschüttelt. Der Versteigerer beäugt immer wieder verstohlen sein bescheidenes Objekt, dessen Tücke ihn allmählich in Verwirrung bringt: Sollte doch was dran sein?

Alle halten den Atem an: das rätselhafte Ding hat sozusagen die Schallmauer durchstoßen: Tausend Mark sind erreicht! Fünf Hände sind erhoben, ernst und feierlich.

Nur einem, dem meistbietenden, dem Sieger, kann der Versteigerer die Nummer zuschlagen. Aber hier scheinen fünf Bewerber, fünf ruhmvolle, in hundert Schlachten bewährte Männer eisern entschlossen, einander nicht zu weichen.

Mit stockender Stimme setzt der Auktionator an, die nächste Zahl auszurufen: Eintausendundfünfzig Mark!

Mit einem Schlage gehen die fünf Hände herunter – niemand will das eben noch erbittert umkämpfte Blatt haben …

Eisiges Schweigen, ratlose Blicke, Tappen im dunkeln – bis plötzlich irgend einem in der Runde ein Licht aufgegangen ist. »April!« sagt er, heiseren Tons, ganz leise in die Stille. Und jetzt bricht eine brausende Heiterkeit los, die fremdesten Menschen kichern einander an, die Auguren lächeln, und auch der Auktionator muß gute Miene zum bösen Spiel machen; und wenn's auch nur in Form eines dummen Gesichts ist …

Trotzdem, am Schluß der Versteigerung, ist er wirklich vergnügt und dankbar: das windige Blättchen ist zwar, bei einem zweiten Aufruf, bei zehn Mark unter schadenfrohem Gelächter zurückgegangen; aber die müde Stimmung, die zu Beginn so nebelschwer auf dem Saale gelegen war, ist verflogen, und in der Sonne einer großen Fröhlichkeit stie-

gen die Preise dergestalt, daß die Narretei der tausend Mark
vielfache Frucht trug.

Gewiß kann Schweigen Gold oft sein.
Doch bringt auch Reden Geld herein.

Gut gedrillt

Ein Mensch steht stumm, voll schlechter Laune,
An einem hohen Gartenzaune
Und müht sich mit gestreckten Zehen,
In dieses Paradies zu sehen
Und schließt aus dem erspähten Stück:
Hier wohnt der Reichtum, wohnt das Glück.
Der Sommer braust im hohen Laub,
Der Mensch schleicht durch den Straßenstaub
Und denkt, indes er sich entfernt,
Was in der Schule er gelernt:
Daß bloßer Reichtum nicht genügt,
Indem daß oft der Schein betrügt.
Der Mensch ist plötzlich so bewegt,
Daß Mitleid heiß sich in ihm regt
Mit all den armen reichen Leuten –
Er weiß es selber kaum zu deuten.
Doch wir bewundern wieder mal
Dies Glanzdressurstück der Moral.

Einsicht

Der Kranke traut nur widerwillig
Dem Arzt, der's schmerzlos macht und billig.
Laßt nie den alten Grundsatz rosten:
Es muß a) wehtun, b) was kosten.

Honorarisches

Es lehrt uns Hahnemann, es habe
Die größte Wirkung kleinste Gabe.
Und mancher Arzt hält das für wahr,
Wenn's nicht betrifft sein Honorar.

Orthopädie

Die Kniee knickt nicht nur das Laster –
Nein, auch das harte Straßenpflaster
Führt brave Jünglinge und Mädchen
In die Gewalt des Orthopädchen.
Auslagen sind dann immer groß,
Einlagen häufig wirkungslos.

Tugendschutz

Ein Lüstling wollt drüber sich klar sein:
»Was müßt's, wenn ich dürfte, in bar sein?«
Das Weib sprach: »ab funfzig!«
Da hob die Vernunft sich:
Er war im Grund nur ein Spar-Schwein.

Ausgleich

Ein braves Mädchen aus Düren
Ließ erstmals in Köln sich verführen.
Die Bahn wurde schiefer,
Sie sank immer tiefer –
Doch erhöhte sie die Gebühren.

Peinliche Geschichte

Ein Mann kam noch knapp bis zur Tür –
Da hieß es: »Zehn Pfennig Gebühr!«
Er fand keinen Groschen,
Sein Stern war erloschen …
Verzeiht ihm – er kann nichts dafür.

Die Hausiererin

Vor dreißig Jahren, so lange muß es her sein, denn ich war sechzehn damals, vor dem großen Krieg, im Urfrieden, wie wir ihn heißen wollen zum Unterschied von jenem trügerischen, nachher: vor dreißig Jahren also habe ich mit meinem Bruder eine Fußreise durch den Bayrischen Wald gemacht. Es ist Juli gewesen, glühender Sommer, so, wie es, meinen wir heute, gar keinen Sommer mehr gibt, kochender, weißhitziger, wälderkühler Juli, und die großen Ferien sind vor uns gelegen, endlos, kaum herumzubringen, schien es uns, ein tiefer Raum der Freude und der Bubenabenteuer, und die kleine Wanderfahrt stand am Rande des zaubrischen Kessels, viele Wochen noch waren hernach auszuschöpfen, der ganze August und der halbe September.

Wir sind von Passau mit dem Schiff bis Oberzell gefahren und dann über die Berge hinauf ins Böhmische, wieder heraus nach Eisenstein und an den Arber; zuletzt noch, weil wir nicht genug kriegen konnten und weil wir Füße hatten wie die Hirsche, sind wir noch in den Oberpfälzer Wald hinübergewechselt, bis Flossenbürg hinauf und Waldsassen, die gewaltige Burg zu sehen, gegen deren Wucht die Schlösser am Rhein, die ich später sah, nur Spielzeuge sind, und das herrliche Kloster, von dem mir freilich nur noch ein ungewisser, rosafarbener Schimmer von schwerem Prunk geblieben ist – aber dieses Verschmelzen macht ja oft die Erinnerung erst köstlich und gibt ihr den geheimnisvollen Goldglanz alter Bilder.

Nur in der Jugend nimmt der Mensch alles so lebendig auf, wie wir's damals taten, wie hungrige Wölfe sind wir durch das Land gelaufen, schwere Wälder und düstere Seen, duftblaue Fernen und grüngrüne Wiesen, Felstrümmer und Ruinen voller romantischer Geschichten, bunte Kirchen und alte Städte, wie haben wir sie bestaunt! In den Bächen haben wir Forellen und Krebse mit der Hand gefangen, in Wirtshäusern sind wir nur sparsam eingekehrt, wenn es grad hat sein müssen, die Totenbretter haben uns einen unvergeßlichen Eindruck gemacht, wie sie still dagestanden sind an den Straßen der Lebendigen. Den Bauern aber und mehr noch den Köhlern und Pechbrennern im Wald, den Steinklopfern und besonders den Glasbläsern zuzuschauen, sind wir nicht müde geworden. Wenn die so im Feueratem ihrer Öfen standen und den zähen, rotglühenden Klumpen an ihren Rohren bliesen und schwangen, das war uns immer ein Wunder, wie mir ja heute noch die kluge Dienstbarkeit dieses formwilligsten aller Stoffe ein unbeschreiblich holdes Geheimnis bleibt.

Im Grunde ist aber doch die ganze Fahrt zu einer schönen Wildnis der Erinnerung zusammengewuchert, aus blauem Feuerlicht und grüngoldner Dämmerung, mit all ihren Fichten und Granitblöcken und altem Gemäuer, mit Pilzen und Erdbeeren, mit Nattern und Faltern, mit Menschen und Märkten. Und nur, wenn ich Stifter lese, den ich damals kaum kannte und den ich seither, im zunehmenden Alter, erst liebgewonnen habe, dann wird der bunte Teppich, den ich mir damals wob mit Aug und Ohr und allen jungen Sinnen, wieder zu lebendigem Gewirk, ungeachtet der dreißig Jahre, die inzwischen vergangen sind, voller Waffenlärm, Not und zerreißender Schrecken, dieser dreißig Jahre, die mein und unser aller Leben geworden sind, seitdem.

Wunderlich, wie der Mensch nun einmal ist, zwei Erlebnisse sind mir besonders haftengeblieben, ungleich und drollig, wie nur je ein Paar gewesen sein mag: das eine nämlich, fast schäme ich mich, es zu sagen, daß wir in Eslarn das größte und beste Stück Rindfleisch bekommen haben, das ich je gegessen zu haben meine – und das andere jene Begegnung mit der Hausiererin und ihre Geschichte, die uns gleich darauf von der Lammwirtin in Schöllau erzählt wor-

den ist und in die wir auf eine seltsame Weise einbezogen
worden sind.

Wir waren schon lange unterwegs gewesen und sahen gewiß nicht mehr zum besten aus, als wir am Abend in Schöllau einrückten, verschmutzt und verstaubt nach einem
langen, heißen Marschtag. Und da ein gewaltig drohendes
Gewitter blauschwarz am Himmel stand, überredeten wir
einander leicht, für diesmal auf sparende Abenteuer zu
verzichten und wieder so etwas wie einen bürgerlichen
Abend einzuschalten.

Auf dem Dorfplatz, vor dem Wirtshause, das mit Lichtern
und einem feuervergoldeten Lamm über der Tür freundlicher als sonst oft im Bayrischen einlud, stand eine mächtige, wie von uralter Gicht knotige und gebuckelte Linde,
um die eine Bank lief. Auf die stellten wir unsere umfang-
reichen, von Kochgeschirr und allerlei Gerät klappernden
Rucksäcke und machten uns daran, unsere Schuhe abzu-
stauben, die Haare zu kämmen und überhaupt ein wenig
zu verschnaufen, damit wir nicht wie Stromer, sondern
doch einigermaßen als fahrende Schüler in die Gaststube
träten.

In der tiefen Dämmerung, die von der einen Seite her
durch die Lampen des Gasthofes erhellt wurde, während
die andere in um so dunklerem Schatten lag, zählten wir
auch unsere bescheidene, auf traurige Reste zusammenge-
schmolzene Barschaft, um uns vor der Überraschung zu
sichern, einer vielleicht ungewohnt hohen Forderung nicht
gewachsen zu sein. Mit anderthalb Mark auf den Kopf war,
unserer Erfahrung nach, zu rechnen, und vier Mark waren
es, die wir, wenn wir auch die kleine Münze zusammen-
kratzten, noch unser Eigen nannten.

Der kommende Tag und der Ausgang der Reise machte uns
wenig Sorge, da wir bis zum Abend leicht Tirschenreuth zu
erwandern gedachten, wo ein entfernter Vetter als Amts-
richter wohnte, der uns wohl aushelfen würde. Für heute

allerdings konnten wir keine großen Sprünge machen, und schier war es ein Wagnis, das Wirtshaus zu betreten.

Unterdes war die Wolkenwand hoch hinaufgestiegen, ein lauer Wind hatte sich erhoben, und ein Seufzen und Ächzen ging durch den großen Baum. Meinem Bruder hatte sich, da wir schon das Gepäck aufnahmen, das Schuhband gelöst, und als er es nun knüpfen wollte, zerriß es, und, wie aus seiner wüsten Beschimpfung des unschuldigen Dings zu vernehmen war, heillos und endgültig. Vergeblich mühte er sich, es noch einmal zu knoten, doppelt ungeschickt in der Finsternis und im Zorn über mein mitleidloses Gelächter. Da hörten wir dicht neben uns eine tiefe und harte Frauenstimme sagen: »Schuhlitzen hätt ich gute, junger Herr!« Und wir gewahrten jetzt erst, daß auf der abgekehrten Seite der Bank eine alte Frau saß, wohl schon lange gesessen war, die nun durch ihre Worte und zugleich durch einen Wetterschein wie hergezaubert, ebenso rasch aber wieder ausgelöscht, einen gespenstischen, hexenhaften Eindruck auf uns machte. Vielleicht war auch sie es gewesen und nicht der Baum, was so geseufzt und gelispelt hatte, denn sie ächzte auch jetzt wieder im Dunkeln, als wäre ihr eine schwerere Last aufgebürdet als der mächtige, mit Wachstuch überschnürte Weidenkorb, den wir im jähen Licht neben ihr auf der Bank hatten stehen sehen.

Wir waren zuerst erschrocken, so nah, ohne es zu wissen, in eines Menschen Bereich gewesen zu sein, aber rasch faßte sich mein Bruder ein Herz und sagte, halb noch grollend über sein Mißgeschick, die Frau möge, wenn sie schon so wunderbarerweise als Engel in der Not geschickt sei, ihre Schnürbänder hergeben, zu einer solchen Ausgabe reiche zuletzt noch unser schmaler Beutel; und er fragte, was die Litzen kosten sollten. Wiederholte und stärkere Entflammungen des Himmels erleichterten den kurzen Handel, ließen uns auch die Greisin deutlicher erkennen. Sie war groß und hager, scharfen Gesichts und nicht unedler Züge, wie aus Luft und Feuer schien sie gemacht, die im Finstern Sitzende, von Blitzen Erhellte, schön mußte sie einmal gewesen sein, das war noch abzulesen von dürrer Stirn und welker Wange, und als sie sich jetzt erhob, war sie eine Riesin, ein Drude, gebieterisch stand sie da, aber ungewiß schien es, welchen Geistern sie geböte, guten oder schlimmen.

Mein Bruder fingerte zwei Zehner aus dem Geldbeutel, die Frau holte inzwischen ihre Senkel aus dem Korb, fünfzehn Pfennige, sagte sie und reichte die Ware herüber, fast gleichzeitig mit der anderen kralligen Hand das Geld fassend, Zug um Zug. Dann griff sie in ihre Tasche, offenbar, um den Fünfer herauszugeben, aber mein Bruder winkte ab und ging, die Bänder einzufädeln, gegen das hellere Haus zu, wo gerade ein vierschrötiger Mann mit lautem Schollern ein Bierfaß herauswälzte.

Ich schwang meinen Rucksack auf eine Schulter, nahm den meines Bruders in die Hand und war im Begriffe, ihm zu folgen, aber die Greisin, die magere Lederhand schier herrisch gegen mich ausgestreckt, tuschelte mir nach: Wenn der Große zu stolz sei, dann sei vielleicht der Kleine klug genug, und ich sollte das Geld nur nehmen, es laufe einem ohnehin selten genug nach in der Welt.

Ich habe damals vielleicht wirklich daran gedacht, es könnte, wenn es der Teufel wolle, auf jeden Pfennig ankommen, aber es war doch mehr Zwang und Verwirrung als der Wille, das Geld zu nehmen: unter ihrem herben, einschüchternden Drängen ergriff ich die Münze. Da merkte ich, daß es kein Fünfpfennigstück war, sondern eine blanke Mark, und erschrocken ging ich auf die Alte zu, ihr wiederzugeben, was mir nicht zukam. Aber sie wehrte ab, ängstlich zog sie die Hände an sich, nein, es sei kein Irrtum, aber ein junger Mensch dürfe doch wohl von einer alten Frau etwas annehmen, und Gott wolle es mir segnen, sagte sie und sagte es eindringlich, ein zweites und drittes Mal, Gottes

Segen auf diese Mark, sagte sie, daß es mir gar wunderlich vorkam.

Sie hob mit einem kräftigen Ruck ihren Korb auf den Rükken, seufzte tief auf und ging in die Nacht hinaus, ungeachtet der ersten schweren Tropfen, die in diesem Augenblick, von einem stärkeren Blitzschein erfunkelnd, zu stürzen begannen. Mit der jäh wieder einfallenden Finsternis war auch sie verschwunden, wie in einer Verzauberung mich zurücklassend.

Sprachlos stand ich da, nicht einmal bedankt hatte ich mich für die Spende, die ich nicht zu deuten wußte.

Für einen armen Teufel bin ich späterhin noch mehr als einmal gehalten worden, und dann hatte es immer etwas Belustigendes gehabt in aller Beschämung. Aber damals, als Bub fast noch, war ich der Sache doch nicht recht gewachsen, sie war ja wohl auch geheimnisvoll genug. Jedenfalls, ich hatte die Mark in der Hand, zurückgeben konnte ich sie nicht mehr, so schob ich sie denn in die Tasche, und meinem Bruder sagte ich nichts davon.

Als wir jetzt in die Wirtsstube traten, in der an blankgescheuerten Ahorntischen nur noch ein paar Bauern saßen, wurde mir die Mark in der Tasche unversehens zu Fortunati Glückssäckel, und leicht bewog ich meinen knausernden Bruder zu kühneren Bestellungen, die freilich immer noch bescheiden genug waren und in einem Glas hellen Bieres für jeden gipfelten, das wir aus zinngedeckelten Gläsern tranken. Nach dem Essen, wie es so Sitte ist auf dem Lande, schlurfte die Wirtin herbei, einen guten Abend zu bieten und nach dem Woher und Wohin zu fragen, mit jener unverhohlenen Neugier, die dem Volke selbstverständlich ist. Mit Verlaub, sagte, sie, das Strickzeug in der Hand, und nahm uns gegenüber Platz.

Wenn die Hausiererin vorhin aus Luft und Feuer gemacht schien, so waren Erde und Wasser die Elemente, denen die Wirtin untertan sein mußte. Breit und aufgequollen saß sie da, viel jünger als jene Greisin, eine gute Vierzigerin vielleicht, von einer etwas stumpfen Gutmütigkeit mochte sie sein, wie sie jetzt Bericht verlangte und selber gab, so, Studentlein wären wir, aus München, und dort wäre sie auch gewesen, vorzeiten, als Köchin beim Radlwirt in der Au, den müßten wir ja wohl kennen.

Indes sie so sprach, hub draußen das Gewitter, das lang verzogen hatte, in prallen Güssen, die ans Fenster schlugen, im wilden Rauschzorn der Bäume und im feurigen Huschen der Blitze sich zu entladen an. Unser beider Gedanke galt sofort der Greisin, und mein Bruder sprach es auch sogleich jammernd aus, wie die Frau zu bedauern sei, die jetzt, bei solchem Sturmregen, so spät über Land gehe, wer wisse, wohin und wie weit noch.

Mit der Frau, sagte die Wirtin, und ihr Gesicht wurde auf einmal abweisend und hart, mit der Frau brauchten wir kein Mitleid haben. Und wir hätten gewiß auch keins mehr, wenn wir sie so gut kennen würden, wie sie, die Wirtin, die alte Höltlin nun einmal kenne. Die müßte gar nicht über Land gehen, mit ihren siebzig Jahren, denn die wäre reicher als alle miteinander, die da in der Stube herin sitzen. Und wie wir nun zu erfahren begehrten, was es mit jener wunderlichen Frau auf sich habe, fing sie an zu erzählen von der Höltlin, die draußen vorm Wald ein Haus hat und früher einmal weitum im Bayerischen und Böhmischen bekannt gewesen ist. Sie hat die alten Sachen aufgekauft, Truhen und Holzfiguren und Schüsseln, Seidentücher und Meßgewänder, nur das Beste und Schönste. Da ist sie dahinterher gewesen, wie der Teufel hinter der armen Seele, und alles hat sie aufgeschnüffelt, wie wenn sie es riechen hätte können. Wo keiner von den anderen Händlern mehr was gefunden hat oder wo es ihm die Bauern oder Pfarrer rundweg abgeschlagen haben, die alte Hexe hat es geholt. Das heißt, so verbesserte sich die Wirtin, die Erzählerin, alt ist sie damals noch nicht gewesen, es sind ihr sogar die

Mannsleut nachgelaufen seinerzeit, aber sie hat für nichts anderes Sinn gehabt als für ihren Handel. Die ist nur in die Kirchen gegangen, wenn sonst niemand drin war, und hat die Gebetbücher nach schönen Heiligenbildern durchgefilzt oder hat geschaut, ob nicht wo ein Barockengerl ein bißl locker hängt, auf das keiner aufgepaßt hat. Und wenn wo ein altes Leut gestorben ist, dann war die Leiche noch nicht kalt, bis sie gekommen ist, um den Nachlaß zu erschachern.

Jedes Jahr, im Mai, im Juli und im Oktober, so berichtete die Frau, ist sie mit ihrem Mann und ihrem Buben nach München hinauf, zur Auer Dult, und ihr Stand ist der reichste und schönste gewesen, und es sind wegen ihr allein Leute bis von Berlin auf die Dult gekommen.

Die Höltlin ist aber selber ganz vernarrt gewesen in ihre schöne Ware, und ein boshaftes Luder war sie obendrein. Sie hat die besten Stücke ausgelegt, aber wenn wer nach dem Preis gefragt hat, dann ist sie bloß grob geworden; das wär schon für wen aufgehoben, oder, ein Prinz wär grad dagewesen, der Prinz Alfons, der hätte es gekauft. Und wenn sie die Leute genug damit geärgert gehabt hat, dann hat sie die schöne Ware wieder in die Kisten verpackt und hat herumerzählt, das gehe weit fort, ins Amerika.

Manche Schnurre wußte die Wirtin noch beizusteuern, so, daß einmal ein reicher Herr sich einen Spaß mit ihr gemacht habe; der habe einen schönen Walzenkrug stehen sehen, ein Lieblingsstück von ihr, das sie nur als Lockvogel hingestellt habe und das ihr nicht feil gewesen sei. Was der Krug kosten solle, habe er sie gefragt, und sie habe höhnisch gesagt, hundert Mark, und sie hätte grad so gut sagen können, er solle sich zum Teufel scheren. Aber der Herr habe kaltblütig einen blauen Lappen auf die Budel gelegt, und weil grad ein paar andere Händler dabeigestanden seien, habe sie nicht mehr zurückkönnen, und der Herr habe noch recht spöttisch gesagt, sie solle ihm den Krug ja recht vorsichtig einwickeln. Am liebsten hätte sie ohnehin alle zwei in Scherben geschlagen, den Krug und den Käufer dazu.

Die Wirtin, als sie das erzählt hatte, lachte mit einer bösen Heiterkeit, bei der uns nicht wohl war. Aber ehe wir wußten, was wir sagen sollten, fuhr sie schon in ihrem Bericht fort, von dem Mann redete sie jetzt, verächtlich, von dem lausigen Krisperl, das von dem bösen Weibsteufel nur so gepufft und herumkommandiert worden sei, wer weiß, warum sie grad den geheiratet habe. Der habe, auf der Dult draußen, nur so dabeistehen dürfen, und wehe, wenn er gewagt hätte, selber was zu verkaufen oder auch nur einen Preis zu nennen. Wie ein Hund habe der Höltl folgen müssen, und wenn ihn die Frau wohingestellt und drauf vergessen habe, dann sei er am Abend noch dortgestanden, bei Schnee und Regen. Wenn es dann Nacht geworden sei, habe sie ihn laufen lassen, zwei Mark habe sie ihm gegeben, zum Vertrinken. Und einmal wären es statt zwei Mark fünfe gewesen, weiß der Teufel aus was für einer Laune heraus, und die habe der Mann genauso gehorsam vertrunken. In der Nacht habe er dann, in seinem Rausch, ein offenes Fenster für ein Abtrittbrett gehalten, und hinterrücks sei er aus dem dritten Stock gefallen. Und wie sie ihn am anderen Tag in der Früh gefunden hätten, wäre gleich die Frau geholt worden, aber die, so wurde berichtet, hätte nur gesagt, der habe sich ja sauber in den Tod gesoffen um die fünf Mark. Und daran, daß sie jetzt eine Witwe war, hätte sie nicht schwer getragen.

Mein Bruder und ich, wir sind damals noch fast Kinder gewesen, aus einem wohlbehüteten Elternhaus, und die rohen Schrecken schwerer Zeiten, die nachdem gekommen sind, hatten uns noch mit keinem Anhauch getroffen. Wir lauschten beklommen, es war uns, als blickten wir in einen Abgrund, aber um so begieriger waren wir, seine fremden, schaudernden Tiefen auszumessen. Die Wirtin, unsere

Spannung gerne gewahrend, ließ den Strickstrumpf sinken, horchte einen Augenblick in das schon vertosende Wetter und rückte dann, in der völlig leer und still gewordenen Stube, näher zu uns her, das sei alles nichts, sagte sie, was sie bisan erzählt habe, jetzt aber komme die eigentliche Geschichte. Der Höltlin ihr Sohn, fuhr sie fort, ist ein Taugenichts gewesen aus den Windeln heraus. Mit dem ist sie nicht so leicht fertig geworden wie mit ihrem Mann. Das Geld hat er ihr aus dem Kasten gestohlen, und später hat er ihr die schönste Ware davongetragen und heimlich verkauft. Sie hat aber an dem Buben einen Narren gefressen gehabt und hat es vor den Leuten nie zugeben wollen, daß ihr Sohn stiehlt. Da hätten die anderen Lumpen sich lustig machen können, meinte die Wirtin, und damit prahlen, daß man von der alten Höltlin nichts kaufen kann, aber vom jungen Höltl kriegt man's halb geschenkt. Und ganz Unverschämte hätten ihr solche Erwerbungen gar unter die Nase gehalten, einen Enghalskrug oder ein Stück gotischen Samt, und scheinheilig gefragt, ob sie denn das nicht für gut und echt halte, weil sie es so billig habe losschlagen lassen durch ihren Sohn. Das sei die rechte Hölle gewesen für die Frau; sie habe immer zugetragen, und der Bub habe davongeschleppt, und es sei wie ein Faß ohne Boden gewesen. Oft habe einer hören können, wie sie ihren Sohn laut verflucht hat, die Hände sollten ihm abfaulen, wenn er noch einmal was anrührt. Aber das Früchterl, das sie mit der bloßen Faust hätte niederschlagen können, habe eine wunderliche Gewalt gehabt über die Mutter, die sonst den Teufel nicht geforchten hat.

Dem jungen Höltl, erzählte die Wirtsfrau, und sie sagte es so kalt und leise, daß uns schauderte, dem sind dann wirklich die Hände abgefault, wie seine Mutter es ihm angeflucht hat. Wie er es gar zu arg getrieben hat, ist sie doch auf die Polizei, und die hat dann zuerst einmal den Hehlern das Handwerk gelegt. Der Bub aber ist gleich ganz schlecht geworden, er ist unter die Schwärzer gegangen und hat aus dem Böhmischen ins Bayrische und von da wieder hinübergetragen und getrieben, was ihm unter die Hände gekommen ist. Aber nicht lang. Schon im Herbst drauf ist er verschollen gewesen, und ein Grenzer hat gemeldet, daß er in der Finsternis auf einen geschossen hat, der nicht hat stehenbleiben wollen; man hat gleich alles abgesucht, aber es ist nichts gefunden worden.

Im nächsten Sommer erst sind Kinder vom Erdbeerzupfen heimgelaufen, ganz käsig und verschreckt, im Holz draußen läge einer so still und hätte auch auf ihr Rufen keine Antwort gegeben. Wie sie ihn dann geholt haben, ist es der junge Höltl gewesen, die Leiche war noch gut zu erkennen, ein wenig eingeschnurrt von der Hitze; bloß die Hände waren im Feuchten gelegen und waren abgefault bis auf die Knochen.

Die Höltlin habe zwar laut gesagt, daß es um den Bazi nicht schad wäre, aber es sei halt doch ihr einziger Sohn gewesen. Sie hat in ihrem Haus herumrumort wie ein Geist, und man hat oft die halbe Nacht ein Licht wandern sehen von Zimmer zu Zimmer, da ist sie ohne Ruhe hin und her gelaufen, hat ihre schöne Ware angeschaut und geweint und geflucht dazu. Der Sohn, der sie ihr gestohlen hat, ist tot gewesen, aber sein Wort ist lebendig geblieben übers Grab hinaus. Denn wenn sie ihm angewunschen hat, es möchten ihm die Hände abfaulen, dann hat er dagegengeschrien, und die Nachbarn haben es mehr als einmal gehört, ihr solle dafür das ganze Haus überm Kopf verbrennen mit all dem Gelump und sie selber dazu.

Seit sie den Sohn so gefunden hätten, sagte die Wirtin, sei die Höltlin nimmer auf die Dult. Sie kaufe nichts mehr, nicht das schönste Stück, aber verkaufen tue sie auch nichts, in ihr Haus lasse sie keinen Menschen hinein. Oft hätten ihr früher hämische Leute einen ahnungslosen Fremden geschickt, er könnte dort, bei der Witwe, preiswert was erhandeln. Solchen ungebetenen Gästen werfe sie zornig die Tür vor der Nase zu, und einem ganz Hartnäckigen sei sie einmal mit einem brennenden Holzscheit bis auf die Straße nach. Der Mann habe später erzählt, sie hätte das glimmende Scheit in die nasse Erde gestoßen und ein Sprüchel dazu gemurmelt, ein ganz grausiges und wildfremdes. Aber wer weiß, ob das wahr sei.

Seit der Zeit handle die Höltlin, um sich durchzubringen, mit Hausierkram. Wenn sie nur einen einzigen Rauchmantel oder eine Figur hergeben wollte, möchte sie mehr Geld kriegen als für einen Monat, ja für ein halbes Jahr Herumlaufen. Aber es sei, als ob sie nichts hergeben dürfe, als ob sie alles, Stück für Stück, aufheben müßte für den Tag, an dem der Fluch von ihrem Sohn auf das Haus komme, mit allem, was darin ist. Und daß der Tag komme, und wenn sie hundert Jahre alt würde, das wisse sie selber, und das wissen die Leute alle. Aber Mitleid, so schloß die Erzählerin, die böse, kaltherzige, Mitleid brauche keiner zu haben mit der alten Hexe, sie sei ihr Leben lang geizig und hart genug gewesen. Der Herrgott tue keinem mehr, als was er verdient – und was sie mit dem Teufel habe, das sei ihre Sache!

Ich war ergriffen von dem Schicksal der alten Frau, und meinem Bruder mochte es nicht anders zumute gewesen sein. Wir schwiegen und schauten ratlos auf die Tischplatte. Die wirkende Gewalt des Fluches war uns bisher nur in Sagen und Gedichten begegnet, hier aber war sie eine schier selbstverständliche Wahrheit, mächtig unter leibhaftigen Menschen, die daran glaubten.

Mochte die andere eine Natter sein, die Wirtin war dann eine Kröte, wie sie nun schwerfällig aufstand, nach ihrer unheimlichen Geschichte, die sie vielleicht oft schon erzählt hatte, wer weiß, ob nicht einzig darum, daß sie das Mitleid abgrübe in jedem Herzen. Ich mißtraute jedenfalls ihrer selbstgerechten Biederkeit.

»Sie haben uns, Frau Wirtin«, ergriff ich stockend das Wort,

»mehr von Unheil berichtet als von Schlechtigkeit; wenn die Frau wirklich so bös ist, dann ist sie gestraft genug, daß sie so leben muß in Zorn und Ängsten: sie hat das Fegefeuer schon auf Erden, und die arme Seele wäre jetzt schon eher ein Vaterunser wert als ein so strenges Urteil.«
Ich war schon daran, ihr von unserer Begegnung zu erzählen, aber sie kam mir zuvor. Ich wäre noch ein junger Mensch, sagte sie, und würde es schon noch verlernen, jedem barmherzig zu sein, der es nicht verdiene. Gestern vielleicht hätte sie noch mit sich reden lassen über die Höltlin, aber heute nicht mehr. Und sie fing, erboster als zuvor, eine neue Geschichte an.
Die Hexe, sagte sie, sei ja grad da herin gewesen, hier bei ihr in der Stube, und wenn sie, die Wirtin, noch daran gezweifelt hätte, daß die Höltlin ein schlechter Mensch ist, jetzt wisse sie es gewiß. Um eine Mark habe sie sie geprellt, das habgierige Luder, das habgierige, zum Dank, daß sie ihr was abgekauft habe von ihrem schundigen Kram. Um sechzig Pfennige seien sie handelseinig geworden, und sie, die Wirtin, habe ihr die Mark da auf den Tisch gelegt. Die andere habe ihr die vierzig Pfennig herausgegeben und dreist die leere Hand aufgehalten und behauptet, daß sie die Mark noch nicht gekriegt hätte. Sie, die Wirtin, habe gesagt, da habe sie ja die Mark hergelegt, und daliegen tue sie nimmer, also habe die Höltlin sie wohl eingeschoben. Da sei sie ganz fuchsteufelswild geworden und habe alle Heiligen zu Zeugen angerufen, daß sie von keiner Mark etwas wisse. Mit ihr streiten, habe sie, die Wirtin, gesagt, wolle sie nicht, da könnte eines genau so gut mit dem Leibhaftigen selbst streiten; und sie habe eine zweite Mark vor die Höltlin hingelegt, die habe sie gewiß nicht übersehen können. Da sei die Mark, habe sie zu ihr gesagt, aber einen Fluch tue sie drauf, daß sie dem hundertfaches Unglück bringen soll und einen unseligen Tod, der sie zu Unrecht einsteckt; und der Herrgott dürfe zuschauen bei dem Han-

del. Und da habe das Weib gewinselt und gebettelt, sie, die Wirtin, solle den Fluch wieder wegtun von dem Geld, sonst kann sie es nicht nehmen. »Höltlin«, habe sie gesagt, »ich verfluche ja nur meine Mark. Wenn sie rechtens dir gehört, kannst du sie ruhig einstecken, dann hat ja der Fluch keine Kraft über dich.« Und da habe sie das Luder richtig in ihrer eigenen Schlinge gefangen: sie habe die Mark nehmen müssen, wenn sie es nicht selber habe zugeben wollen, daß sie sie um ihr Geld geprellt habe. Viel Freude würde sie an der Mark nicht haben – so schloß die Wirtin mit einem hämischen Lachen.

Zugleich stand sie auf, sie habe, sagte sie, uns lang genug aufgehalten, und ihre Frage, ob wir noch ein Glas Bier wollten, war eher eine Mahnung zum Aufbruch. Wir dankten denn auch und fragten nach unserer Schuldigkeit, alles in allem, da wir vielleicht morgen recht zeitig aufbrächen. Die Wirtin schaute uns abschätzend an: ob uns, für alles, zwei Mark zuviel wären? Wir wußten nicht recht, und das war uns peinlich genug, ob sie das für einen alleine berechne oder für beide zusammen. Für alle zwei wäre es eine Bettelmannszeche gewesen, für einen allein war es, vor dem Weltkrieg, im hintersten Bayrischen Wald, nicht gerade billig. Mein Bruder, der das Geld einstecken hatte, war wohl der Meinung, es heiße zwei Mark für den Kopf zahlen, und legte drei Mark auf den Tisch, die vierte fischte er aus dem Kleingeld zusammen. Er bekam einen roten Kopf, es schien nicht mehr ganz zu reichen. Die Wirtin sagte, aber sie sagte es um einen Ton zu patzig, wenn wir so schlecht gestellt wären, gäbe sie sich mit dem Taler auch zufrieden, sie sähe schon, daß sie heute nicht zu ihrem Gelde kommen sollte. Aber da hatte ich schon die Mark aus der Tasche geholt und legte sie schweigend zu den übrigen. Je nun, meinte die Wirtin, indem sie das Geld einstrich, wenn es die jungen Herren so nobel gäben, solle es einer Wirtin nicht ungelegen sein. Und so komme sie wohl auch, setzte sie lächelnd dazu, doch wieder zu der Mark, die sie bei dem Hexenhandel eingebüßt habe. Mein Bruder, der doch wußte, wie abgebrannt wir waren, machte große Augen, als er das Geldstück sah, aber fürs erste erleichtert, steckte er seinen Beutel wieder ein. Ich aber fragte, von den wunderlichen Fügungen dieses Abends zutiefst betroffen, zweideutig die Wirtin, ob sie denn, da es vielleicht wirklich die Mark sei, die sie verflucht habe, keine Angst spüre, sie wieder einzunehmen. Sie lachte verlegen zu dem schlechten Scherz. Ob ich, meinte sie unsicher, damit sagen wollte, daß sie uns übernommen hätte. Das müßte sie selber wissen, gab ich ausweichend zur Antwort, jedenfalls sei sie, die Wirtin, jetzt in der nämlichen Verlegenheit, in die sie die arme Hausiererin gebracht hätte. Ich könnte ja, sagte ich lauernd, insgeheim von ihr, der Wirtin, das Geldverfluchen gelernt und eine kräftige Verwünschung auf die Mark gelegt haben. Ich ließ bei diesen Worten alles in der Schwebe, so daß die Frau, so unbehaglich es ihr war, die Anspielung doch für einen Spaß nehmen mußte, auf den nicht ernsthaft zu erwidern war. Ich hatte aber das Gefühl, daß sie ursprünglich nicht mehr als zwei Mark für uns beide hatte rechnen wollen, daß sie aber, als mein Bruder Miene machte, vier zu bezahlen, von Habgier erfaßt, rasch ihre Meinung änderte, und daß ihr jetzt meine Anzüglichkeit doch recht das Gemüt beklemmte. Ziemlich unwirsch bot sie uns eine gute Nacht und rief die Magd, uns auf unsere Stube zu führen.

Die Kammer droben stand im vollen Mondlicht, das Wetter hatte sich verzogen, ein leichter Nachtwind schüttelte Tropfen aus der Linde, die vor unserem Fenster stand. Rasch zogen wir uns aus und schlüpften in die ächzenden Betten. Woher ich die Mark gezaubert hätte, wollte mein Bruder wissen. Ich ließ ihn raten. Es sei, meinte er, wirklich die Mark gewesen, die die Wirtin zuerst der Hausiererin gegeben, die sich koboldig verschlüpft habe – und ich hätte sie vielleicht unterm Tisch gefunden. »Fehlgeraten«, sagte ich, und schon im Einschlafen erzählte ich ihm, in wenigen Sätzen, wie es sich zugetragen hatte. Neugierig sei er, sagte mein Bruder, wie das hinausginge mit dem Fluche; und ob ich nicht auch fände, daß vier Mark unverschämt viel verlangt sei, bei so schlechten Betten obendrein. Und warf sich, ohne eine Antwort abzuwarten, auf die andere Seite. Ich blies das Licht aus und schwieg; noch vieles bedenkend, trieb ich ins Ungewisse hinaus, in die schwere Tiefe des Schlafes. Da erklang noch einmal, unerwartet, die Stimme meines Bruders: »Da steckt irgend etwas dahinter«, sagte er; »die zwei Weiber, und ich drehe die Hand nicht um, welche mir die liebere ist, streiten um mehr miteinander als um ein Markstück.« Und dann waren wir beide wieder still. Der Mond schien herein, kaum konnte ich mich bergen vor seinem fließenden Licht. Aber ich schlief schon, da rief mich noch einmal mein Bruder wach: Ob ich, fragte er, an den Fluch überhaupt glaube? Ich murmelte nur irgend etwas, ich wüßte es nicht, und ich wußte es wirklich nicht, ich weiß es auch heute noch nicht, nach dreißig Jahren.

Jedenfalls, von der Hausiererin haben wir nie mehr etwas gehört, der nächste Tag galt neuen Zielen, auch die Wirtin sahen wir nicht mehr, als wir mit dem frühesten aufbrachen. Aber sechs, sieben Jahre später, wir hatten schon den ganzen Krieg hinter uns, und die silberne Mark von damals war längst, wenn sie nicht die Wirtin im Strumpf versteckt hatte, dahingeschwommen im papiernen Strom, sechs, sieben Jahre später las ich ganz zufällig in der Zeitung, daß das Gasthaus zum goldenen Lamm in Schöllau abgebrannt sei bis auf die Grundmauern. Ich weiß nicht, ob das ein Zufall gewesen ist, denn es brennen ja schließlich im Laufe der Jahre genug Bauernhöfe und Wirtshäuser nieder, warum sollte nicht auch das Goldene Lamm einmal in Feuer aufgehen irgendwo da droben im Wald an der böhmischen Grenze …

Ein Mensch schaut in die Zeit zurück
Und sieht: Sein Unglück war sein Glück

Von Lebenskünstlern und Glücksschmieden

Erste Hilfe

Man liest zwar deutlich überall:
Was tun bei einem Unglücksfall?
Doch ahnungslos ist meist die Welt,
Wie sie beim Glücksfall sich verhält.

Der Schütze

Ein Mensch ging durch die Jahrmarktsbuden,
Wo Mädchen ihn zum Schießen luden:
»Drei Schuß«, so rief es, »eine Mark!«
Der Mensch legt an – er zittert stark –,
Doch reihen nah auf dem Gebälke
Ganz dicht sich Rose, Tulpe, Nelke.
Die Rose, die der Mensch gewählt,
Die hat er allerdings verfehlt;
Durch Zufall aber kam zu Fall
Die Nelke bei dem falschen Drall.
Schuß zwei: die diesmal nicht sein Ziel,
Die Rose, aus dem Gipsschaft fiel.
Beim dritten Schuß brach eine Tulpe,
Die nicht gemeint war, aus der Stulpe.
Der Mensch ging stolz, papierbeblümt
Und hat als Schütze sich gerühmt:
Als hätte er auf das gezielt,
Was ihm das Glück nur zugespielt.

Beinahe

Ein Mensch ist höchst darob erbost:
Beinahe – ist's nicht Hohn, statt Trost? –
Hätt er fürs Lotto recht gewählt.
Nur *eine* Ziffer war verfehlt.
Wüst klagt der Mensch das Schicksal an,
Das diesen Tort ihm angetan.
Dem Menschen, der geschimpft so dreist,
Erscheint das Schicksal, nachts, als Geist:
»Soll ich mich von dir schelten lassen?
Willst ›beinah‹ du nicht gelten lassen?
Dein Glück, dein Leben wär verspielt,
Hätt ich genau auf dich gezielt.«
Seitdem trägt's still der Mensch im Leben,
Geht einmal haarscharf was – daneben.

Trost

Ein Mensch, entschlußlos und verträumt,
Hat wiederholt sein Glück versäumt.
Doch ist der Trost ihm einzuräumen:
Man kann sein *Unglück* auch versäumen.

Glück muß man haben

Natürlich ist es eine Kühnheit, mittags in Zürich zu starten und abends sechs Uhr in München dringend und minutengenau verabredet zu sein. Aber – Glück muß man haben! Wir brausen also los, der Wagen läuft gut, die Straßen sind wunderbar. Mein Freund am Steuer rechnet aus, wann wir in München sein können, eine gnädige Schleusung durch die Zollschranken vorausgesetzt. Es hängt alles davon ab, ob wir in Konstanz die Fähre nach Meersburg noch erreichen.

Glück muß man haben – die Pässe sind in Ordnung, die Zigarren bleiben unentdeckt, der Wagen wird nicht beanstandet. Nur der Mann, der uns das hinterlegte Geld auszahlen soll, läßt sich ausgerechnet die Zeit, die wir nicht haben; doch soll man Zöllner nie durch verdächtige Eile reizen, und so stehen wir kostbare Minuten herum, bis ein anderer Beamter, der hört, daß wir noch auf die Fähre wollen, für uns ein gutes Wort einlegt.

Schon sind wir abgefertigt, in Gnaden entlassen, der Gepäckträger – vermutlich einer der bestverdienenden Männer des Abendlandes – ergreift unsere Sieben Sachen, legt sie im Rücksitz zurecht, die Sperrkette fällt, und wir fahren nach Konstanz hinein, so schnell wir können.

Die Bahnhofsuhr beweist uns, daß die Eile vermutlich keinen Sinn mehr hat. Es wäre wohl klüger, hier zu Mittag zu essen. Mein Freund sucht auch, bei unverminderter Fahrt, die Straßen nach einem Parkplatz ab; aber er findet keinen und wer weiß, vielleicht hat die Fähre ein paar Minuten Verspätung? Und schon sind wir, im letzten Augenblick, unter den Bahnschranken durch und über den Rhein; wir jagen die Landzunge hinaus, der Weg ist viel weiter, als wir ihn in der Erinnerung hatten. Lassen wir's sein! Warum denn? Es ist schon gleich, fahren wir zu! Geht's noch, oder geht's nicht mehr?

Glück muß man haben! Die Fähre steht noch da, gerade wollen die Männer das Fallbrett hochwinden. Wir poltern über die Brücke, landen auf dem Verdeck – schon rauscht das Wasser um das schwerfällig fahrende Schiff. Glück muß man haben! Wir schauen uns strahlend an: das hätten wir geschafft!

Jetzt kommt noch ein Wagen angesaust, Leute springen heraus, fuchteln mit den Händen und schreien etwas herüber – zu spät, meine Lieben, es nützt Euch nichts mehr! Im Anblick dieser Aufgeregten spüren wir erst, was für ein Glück wir gehabt haben …

Gepäck und Mantel liegen in malerischer Unordnung auf den Rücksitzen. Wir haben ja reichlich Zeit jetzt, alles für die große Fahrt zu verstauen. »Hast du? …« »Ich nicht!« »Zum Teufel, dann …« Und nach einem verzweifelten Suchen stellen wir fest, daß der Träger nur sechs von unsern Sieben Sachen ergriffen hat und daß die Aktenmappe noch auf dem Zollamt in Kreuzteufelslingen liegen muß!

Glück muß man haben – wir haben Pech gehabt mit unserm Glück! Statt in Meersburg zu Mittag zu essen, werden wir mit der Fähre gleich wieder umkehren, im vollen Braus durch Konstanz zum Zollamt fahren, wenn wir Glück haben, dort die Mappe unverzüglich ausgehändigt bekommen und dann zurück und die Fähre noch erwischen – wenn wir Glück haben.

Und das haben wir, wahrhaftig! Denn kurz vor Meersburg, steige ich, aus Zufall nur, auf das Oberdeck, und da sehe ich den ungeheuren Andrang der Wagen und Omnibusse, die in Reihen schon warten und alle auf unsere Fähre möchten. Ich stürze also zu meinem Freund hinunter und sage: »Du, wenn wir erst von der Fähre heruntergehen und als die letzten ganz hinten anschließen müssen, kommen wir bestimmt nicht mehr mit. Wir müßten versuchen, gleich hier an Deck zu wenden und so, nach himmlischen Gesetzen, aus den Letzten die Ersten zu werden.«

Gesagt, getan. Wir verständigen uns mit dem Mann der Ordnung, daß er nicht im falschen Augenblick dienstlich wird, und benützen die kurze Zeitspanne, in der das Deck leer ist, zu einer geschickten Wendung. Schon strömen die neuen Fahrzeuge ein, riesige Elefanten machen sich breit, und natürlich habe ich recht gehabt, es bleiben viele Schimpfende zurück, und zu denen hätten auch wir gehört. Glück hat auf die Dauer nur der Tüchtige, denke ich voll Stolz, »das heiße ich corriger la fortune«, sagt mein Freund befriedigt. Wir holen die gewaltigen Schinkenbrote hervor, die uns die Gastfreundin in Zürich mühsam genug aufgedrängt hat. Jetzt sind wir froh um die Wegzehrung. In der Mitte des Sees begegnen wir der zweiten Fähre und winken wehmütig spöttisch hinüber: dort stünden wir, samt unserer Mappe, wenn wir dieses verdammte Glück nicht gehabt hätten!

Wir landen, wir preschen hinein nach Konstanz, hinaus nach Kreuzlingen! Es geht um die Minuten – Glück muß man haben. Schon verschwindet mein Freund in dem Fuchsbau des Zollamts. Gleich wird er wieder da sein, die Mappe in der Hand. Da ist er schon – mit leeren Händen. »Glück muß man haben!« ruft er, halb lachend, halb erbittert; und fährt los. »Die Mappe?« »Ist längst in Meersburg!« Er hat keine Zeit, viel zu erzählen, mit höllischer Geschwindigkeit schlängelt er sich durch die Kurven von Konstanz. Und hinaus zum Landeplatz und hinein in die Fähre, wieder im letzten Augenblick.

Und jetzt hat mein Freund Muße genug, alles zu berichten: Kaum sind wir weggewesen, hat der Zöllner die liegengebliebene Mappe entdeckt. Und, Glück muß man haben, der Fahrer eines dicht hinter uns abgefertigten Wagens, der auch noch gehofft hat, die Fähre zu erreichen, hat sich erboten, die vergessene Mappe mitzunehmen. Entweder, er holte uns noch an der Fähre ein oder er fuhr mit der nächsten – für diesen Fall rief der Zollbeamte in Meersburg am

Landeplatz an, man sollte uns beim Verlassen der Fähre ab-
fangen und uns sagen, daß die Mappe unterwegs sei. Es
konnte ja gar nichts schief gehen …
Ging aber doch. Man muß nur Glück haben! …

Halbes Glück

Ein Mensch, vom Glücke nur gestreift,
Greift hastig zu, stürzt, wird geschleift,
Kommt unters Rad, wird überfahren –
Dergleichen kannst du dir ersparen,
Wenn du nicht solche Wege gehst,
Wo du dem Glück im Wege stehst.

Warnung

Des lieben Gottes Möglichkeiten,
Uns Schmerz und Ängste zu bereiten,
Sei's eingeweidlich, gliedlich, köpflich,
Sind wahrlich reich, ja unerschöpflich.
Gefährlich ist's, sich zu beklagen,
Das Leben sei nicht zu ertragen.
Denn er beweist es dir im Nu:
Du trägst's – und Zahnweh noch dazu –
Und fühlst erlöst dich ganz bestimmt,
Wenn er es wieder von dir nimmt.
Es scheint dir nunmehr leichte Last,
Was vordem du getragen hast.
Rezept: Trag lieber gleich mit Lust,
Was du doch schließlich tragen mußt.

Der Lebenskünstler

Ein Mensch, am Ende seiner Kraft,
Hat sich noch einmal aufgerafft.
Statt sich im Schmerze zu vergeuden,
Beschließt er, selbst sich zu befreuden
Und tut dies nun durch die Erdichtung
Von äußerst peinlicher Verpflichtung.
So ist ihm Reden eine Qual:
Sitzt er nun wo als Gast im Saal,
Befiehlt er streng sich in den Wahn,
Er käm jetzt gleich als Redner dran,
Macht selber Angst sich bis zum Schwitzen –
Und bleibt dann glücklich lächelnd sitzen.
Dann wieder bildet er sich ein,
Mit einem Weib vermählt zu sein,
Das trotz erbostem Scheidungsrütteln
Auf keine Weise abzuschütteln.
Wenn er die Wut, daß sie sich weigert,
Bis knapp zum Mord hinaufgesteigert,
So lacht er über seine List
Und freut sich, daß er ledig ist.
Ein Mensch, ein bißchen eigenwillig,
Schafft so sich Wonnen, gut und billig.

Die Torte

Ein Mensch kriegt eine schöne Torte.
Drauf stehn in Zuckerguß die Worte:
»Zum heutigen Geburtstag Glück!«
Der Mensch ißt selber nicht ein Stück,
Doch muß er in gewaltigen Keilen
Das Wunderwerk ringsum verteilen.
Das »Glück«, das »heu«, der »tag« verschwindet,
Und als er nachts die Torte findet,
Da ist der Text nur mehr ganz kurz,
Er lautet nämlich nur noch: »burts«.
Der Mensch, zur Freude jäh entschlossen,
Hat diesen Rest vergnügt genossen.

Geschütteltes

Statt jeden, der noch lacht, zu neiden,
Am Neid dann Tag und Nacht zu leiden,
Sich Kummer, weil man litt, zu machen:
Ist's besser, selbst gleich mitzulachen.

Ärger

Es gilt, just bei nervösen Leiden,
Aufregung aller Art zu meiden;
Besonders, wie der Doktor rät,
Vorm Schlafengehen, abends spät.
Noch mehr fast, fleht er, gib dir Müh,
Dich nicht zu ärgern in der Früh.
Und, bitte, ja nicht zu vergessen:
Niemals vorm, beim und nach dem Essen.
Wer streng zu folgen ihm, bereit,
Hat, sich zu ärgern, kaum mehr Zeit.

Platzwahl

Ein Mensch, am Zuge vor der Zeit,
Trifft leere Wagen weit und breit.
Er setzt sich hier, er setzt sich dort
Und geht dann zögernd wieder fort.
Bald ist ihm dies, bald das nicht recht:
Der beste Platz ist ihm zu schlecht.
Nachdem er alles scharf beäugt,
Ist er nun gramvoll überzeugt –
Und auf der ganzen Fahrt gequält –,
Er habe doch nicht gut gewählt.
Ein andrer Mensch kommt spät, verhetzt:
Der Zug ist übervoll besetzt.
Doch sieh: ein Plätzchen ist noch frei!
Der Mensch tut einen Jubelschrei
Und zwängt, durchströmt von solchem Glücke,
Sich kurzentschlossen in die Lücke.
Er freut sich auf der ganzen Fahrt,
Daß Gott sie für ihn aufgespart.

Unterschied

Ein Mensch fand wo ein heißes Eisen
Und, um das Sprichwort zu erweisen,
Ließ er sich durchaus nicht verführen,
Das heiße Eisen anzurühren.
Ein andrer Mensch, auch sprichwortkundig,
Nahm die Gelegenheit für pfundig,
Zum Hammer griff er und zur Zange
Und schmiedete drauf los, so lange
Das Eisen warm war – und grad diesen
Hat man als Glücksschmied hochgepriesen.
Der Wahrheit drum sich jeder beuge:
's hängt alles ab vom Handwerkszeuge!

Vieldeutung

Ein Mensch schaut in die Zeit zurück
Und sieht: Sein Unglück war sein Glück.

Gebet

Du, der über allem wacht,
Leicht die Erde rollt in Händen;
Diesen Tag laß leise enden,
Gib mir eine gute Nacht!

Gott, du weißt, was ich ertrug.
Niemals bat ich dich um Gnaden,
Ging mit meinem Leid beladen,
War mir selber stark genug.

Doch laß heut mit meiner Last
Nah mich deinen Füßen betten,
Um dies Stäubchen Glück zu retten,
Das du mir gegeben hast.

Blick auf die Straße

Der Asphalt, wie Elefantenleder,
Schimmert, nach dem Regen, grau herauf.
Und ein Ölfleck liegt, wie eine Pfauenfeder
Bunt, in sieben Farben schillernd, drauf.

Von den Ahornbäumen hat das Wasser
Über Nacht den Blütenstaub geschwemmt
Und nun hat ein Brei, ein schwefelblasser
Weithin alle Gossen überschlämmt.

Dreist ein Mädchen hebt das Bein,
   das schlanke,
Zu begegnen all der Pfützennot:
Und da trifft's mein stürmischer Gedanke
Und sie schaut herauf und lächelt, rot.

Tulpen, eine volle, bunte Woge
Fährt ein Mann auf seinem Rad und spritzt,
Daß der Tropfenschwall, vom raschen Soge
Wie zwei Feuerkreise um ihn blitzt.

Auf den Strauß, wie sie damit zu grüßen,
Weis ich lachend und sie lacht zurück.
Und enteilt auf zierlich schnellen Füßen
Und ich schau ihr nach, als wär's das Glück.

Ein Mensch schreibt feurig ein Gedicht:
So, wie's ihm vorschwebt, wird es nicht

Von der Kultur und ihren Techniken

Das Ferngespräch

Ein Mensch spricht fern, geraume Zeit,
Mit ausgesuchter Höflichkeit,
Legt endlich dann, mit vielen süßen
Empfehlungen und besten Grüßen
Den Hörer wieder auf die Gabel –
Doch tut er nochmal auf den Schnabel
(Nach all dem freundlichen Gestammel),
Um dumpf zu murmeln: Blöder Hammel!
Der drüben öffnet auch den Mund
Zu der Bemerkung: Falscher Hund!
So einfach wird oft auf der Welt
Die Wahrheit wieder hergestellt.

Das Silbenrätsel

Was ein Silbenrätsel ist, weiß jedes Kind, was aber das Silbenrätselfieber war, in den zwanziger Jahren, kann sich kaum mehr ein Mensch vorstellen; damals versöhnten sich Todfeinde über gemeinsame Mutmaßungen; oder alte Freunde erklärten sich, bei geteilter Ansicht, gegenseitig für Trottel; die einsilbigsten Menschen fragten ohne Scheu nach zweisilbigen Bergen in Griechenland – heute, wo wir's im Schlaf wissen, daß der Papagei(envogel) mit zwei Silben ein Ara ist, wird's uns langweilig – aber damals, wie gesagt, war's anders, solch ein Vieh raubte uns den Schlummer, und ehe das Rätsel nicht gelöst war, fand niemand Ruhe, auch meine Schwester nicht, die mich daher tief in der Nacht noch anrief, daß ich ihr helfen sollte; sie ginge, sagte sie, nicht eher ins Bett, als bis ich sie aus ihren Qualen erlöst hätte.

Ich knusperte also, obgleich ich Wichtigeres zu tun gehabt hätte, eine geraume Weile an dem Teufelsding herum – die Zeitung hatte ja jeder zur Hand – und zuletzt waren so ziemlich alle Chemikalien, weiblichen Vornamen, ägyptischen Gottheiten und Perserkönige soweit entlarvt, daß sich aus den Anfangs- und Endbuchstaben eine wunderschöne Lebensweisheit bilden ließ.

Ich rief, nun schon gegen Mitternacht, meine Schwester an und fiel, ehe sie zu Wort kam, sozusagen mit der Tür ins Haus: »Eines Tages kommt deine Jugend und klopft an die Türe!« schmetterte ich, »Henrik Ibsen!« gab ich noch drein, und in einem Atem ließ ich, jeden Versuch eines Widerspruchs brechend, die einzelnen Begriffe folgen, der erstaunten Achs und Ohs, Wiesos und Nein-Neins nicht achtend. Den Vorwurf des Verrücktseins wies ich schroff zurück, und als auf meine Erklärung, der spanische Stierkämpfer sei ein Torero, ein heftiges »Falsch!« mir entgegenscholl, wurde ich fuchsteufelswild und fing zu buchstabieren an, um die Widerspenstige zu überzeugen.

Endlich bekam auch, als mein Redestrom für ein paar Sekunden aussetzte, meine Gegenseite Luft, und eine noch in ihrer Gereiztheit reizende Stimme fragte, ob ich völlig übergeschnappt sei. Und nun erst erkannte ich mit Schrekken, daß das nicht die Stimme meiner Schwester war. Eben noch so beredt, rang ich jetzt stotternd nach Worten der Erklärung und Entschuldigung; und daß wir zum Schluß beide herzlich lachten und uns gute Nacht wünschten, das ist noch ungelogen – daß wir uns aber auf so wunderliche Weise kennengelernt und gar verabredet, verliebt und verlobt hätten, um mehr als ein Silbenrätsel zu lösen, das wäre eine Flunkerei, die einer wahren Geschichte nicht ansteht.

Falsche Verbindung

Ein Mensch, am Abend, gegen zehn,
Just im Begriff, ins Bett zu gehn,
Wird angerufen, und sofort,
Eh selbst er sagen kann ein Wort,
Mit Redeschwällen, weibgesüßt,
Als wer, der er nicht ist, begrüßt.
Der Mensch vernimmt, noch ganz benommen,
Er werde doch kein Kind bekommen, –
Geängstigt hab sie sich genug –
Und noch im gleichen Atemzug
Wird er gemahnt, mehr aufzupassen,
Mit Uschi sich nicht einzulassen,
Dem Edi nichts davon zu sagen,
Sich nicht so komisch zu betragen,
Wie bei dem blöden Ausflug neulich
»Jaja, da warst du ganz abscheulich! –«
Und ob er wieder lieb sein wolle
Und wann sie morgen kommen solle.
Der Mensch, von solchem Schwall bedrängt,
Hat ohne Antwort eingehängt.
Doch hat ihm in der Nacht geträumt,
Er hab sein großes Glück versäumt.

Verpfuschtes Abenteuer

Ein Mensch geht in der Stadt spazieren
Und muß gar oft sein Herz verlieren
An Frauen, die nicht daran denken,
Ihm auch nur einen Blick zu schenken.
Warum, so fragt er sich im Gehen,
Kann mir's nicht auch einmal geschehen,
Daß dank geheimer Liebeskraft
Ein Wesen, hold und engelhaft,
Mißachtend strenger Sitten Hürde
Sich unverhofft mir nähern würde?
Kaum hat er so zu sich gesprochen,
Fühlt er sein Herz gewaltig pochen.
Denn sieh, die reizendste der Frauen
Naht sich voll lächelndem Vertrauen
Und sagt zu ihm errötend dies
»‿ – ‿ – ‿ – ‿ please?«
Der Mensch, der sowas nicht gelernt,
Hat hilflos stotternd sich entfernt.
Was nützt – Moral von der Geschicht –
Ein Engel, wenn er englisch spricht!

Verwunderlich

Ein Schuldirektor aus Kempten
Fuhr eines Tags nach Southampton.
Vom Englischen dort
Verstand er kein Wort
Man spricht's eben anders in Kempten.

Mundart und Hochsprache

Ein bayerischer Prinz soll einmal auf die Frage, woher denn seine Kinder ihr waschechtes Münchnerisch hätten, geantwortet haben: »I woass' aa net, wahrscheinli' vo' de Deanstbot'n!«

Von unsern Hausangestellten, die zeitgemäß aus Schlesien oder Sachsen stammen, können die Buben die Mundart nicht lernen, auch von der Mammi nicht, die, obgleich Münchnerin, eine nur mäßig süddeutsch gefärbte Schriftsprache von sich gibt.

Ich selber bin zwar so was wie ein deutscher Dichter – wenigstens hat's der Thomas, in der Schule nach dem Beruf des Vaters gefragt, schlankweg behauptet –, aber im täglichen Leben lasse ich das Altbayerische überall durchklingen, ja, sogar, wenn ich im deutschen Norden als fahrender Sänger meine Gedichte und Geschichten vorlese, merken und vermerken meine Hörer, woher ich komme.

Meine Buben reden nicht Münchnerisch und auch die Hoffnung, daß sie's in der Schule lernen, unter so vielen einheimischen Kameraden, hat sich nicht erfüllt. Wenn sie, spaßeshalber, ihre Versuche machen, klingt es nicht anders, als die hilflosen Bemühungen jener »Preußen«, die in unglücklicher Liebe zum Hofbräuhaus entbrannt sind und von den berühmten 999 Worten Bayrisch wenigstens das erste halbe Dutzend fehlerfrei zu beherrschen wähnen.

Hingegen ist eine Hochflut von Büchern über die beiden Knaben hereingebrochen, und sie reden so geschwollen, einer nach dem andern, daß der schriftstellernde Vater, der solche Worte nie in die Feder nähme, geschweige denn in den Mund, baß darüber erstaunt. Die Lesefrüchte seiner Söhne prasseln sozusagen nur so auf ihn herunter.

»Das kommt mir wie gerufen!« sagt Thomas, frei nach den Brüdern Grimm und »Du würdest mich zuhöchst verpflichten…« plappert er, wo unsereins sich mit einem »Bitte!« begnügen würde.

Stefan, vier Jahre später, treibt es noch schlimmer: »Weißt du, was mich jüngst so ungemein verdrossen hat?« fragt er – und dem Vater grauset's – er will's gar nicht wissen. Beim Essen aber, an seinem Fleisch herumstochernd, flötet er die Mammi an: »Würdest du gestatten, daß ich diese Sehne außer acht lasse?« Ich muß es erst in schlichtes Deutsch übersetzen: »Du willst also die Flachse nicht essen, du heikler Bursche, du heikler?!«»So kann man es auch ausdrükken!« sagt er mit vollendeter Höflichkeit.

Und am Abend – es ist Dreikönigstag, die Kerzen am Christbaum werden feierlich zum letztenmal angezündet – meldet er sich dringend ab mit den Worten: »Verzeih, wenn ich in diesem heiligen Augenblick den Raum verlasse – aber es muß sein!«

Schlecht könnte einem werden, wenn man nicht wüßte, wie rasch die Kinder des Stelzenlaufens überdrüssig werden.

Ergänzung

So manchen heimlich bedrücken
Die scheußlichen Bildungslücken.
Doch er rechnet drauf dreist,
Daß du auch nicht viel weißt:
So können Gespräche oft glücken.

Lebhafte Unterhaltung

Ein Mensch, von Redeflut umbrandet,
Hätt seine Weisheit gern gelandet,
Ein feines Wort, mit Witz gewürzt …
Jedoch, die Unterhaltung stürzt
Dahin und treibt, samt seinem Wort,
Ihn wild ins Uferlose fort.
Er schreit: »Darf ich dazu bemerken …«
Doch schon mit neuen Sturmwindstärken
Wird vom Gespräch, das braust und sprudelt,
Gewaltsam er hinweggestrudelt.
Er schnappt nach Luft und möchte sprechen,
Doch immer neue Sturzseen brechen
Auf ihn herein, er muß ertrinken,
Kann bloß noch mit den Händen winken
Und macht zuletzt nur noch den matten
Versuch, zu keuchen: »Sie gestatten …«
Schiffbrüchig, an sein Wort geklammert,
Der Mensch jetzt endlich einen jammert,
Der ihn aus des Gespräches Gischt
Im letzten Augenblicke fischt,
Gewissermaßen packt beim Kragen:
»Sie wollten, glaub ich, auch was sagen?!«
Das Sturmgespräch hat ausgewittert:
Der Mensch schweigt witzlos und verbittert …

Hoffnungslos

Ein Mensch begibt sich ahnungslos
In einer Freund-Familie Schoß,
Wo man nicht fernsieht, rundfunkdudelt –
Nein, geistvoll im Gespräch versprudelt.
Doch leider sieht der Mensch erst jetzt,
Daß man die Stühle streng gesetzt
Und alles schweigend und gespannt
Auf Buntes starrt an weißer Wand:
Ein Unmensch zeigt in langen Serien,
Wie er verbracht hat seine Ferien.
Vor Bildern, ziemlich mittelmäßig,
Sitzt nun der Mensch, schon lahmgesäßig,
Und pausenlos wird er befragt,
Was er zu diesen Bildern sagt.
Zum Sagen kann er gar nicht kommen:
Das Lob wird gleich vorweggenommen.
Die ganze Sippe, wild und wilder,
Verlangt noch die Familienbilder.
Der Mensch muß anschaun, ohne Gnaden,
Klein-Hänschen – ach, wie herzig! – baden;
Und nicht verschont wird er nun auch
Mit Muttis Reizen, Papis Bauch.
Der Mensch, der lang nach Mitternacht
Todmüd sich auf den Heimweg macht,
Beschließt, nie wieder werd er Gast,
Wo schon die Technik Fuß gefaßt.

Störung

Ein Mensch, bereit, mit seinem Witze
Zu münden in die Bleistiftspitze,
Wird jäh im Schreiben unterbrochen:
Ein Unmensch hat ihn fernbesprochen
Und teilt ihm höchst verdrossen mit,
Er wolle eigentlich Herrn Schmitt.
Der Mensch, von Ärger nicht ganz frei,
Erklärt ihm, daß er der nicht sei,
Worauf der Unmensch, tief beleidigt,
Daß richtig er gewählt, beeidigt.
Nun sammelt unser Mensch erneut,
Was an Gedanken liegt zerstreut.
Rasch muß die Phantasie versiegen –
Es schrillt: »Ist hier Herr Schmitt zu kriegen?«
Der Mensch hängt zornig-wortlos ein:
Aha, das muß die Leitung sein!
Der Mensch ruft die Entstörungsstelle,
Zu stopfen die Empörungsquelle.
Doch nichts kommt, als »Hallo!« und »Ja!?«
Und dann: »Ist Schmitt jetzt endlich da?«
Der Mensch war an dem Vormittage
Zu dichten nicht mehr in der Lage.

Wandel der Welt

Einst kam die Scheherazade
Durch Märchen-Erzählen in Gnade.
Heut lacht der Kalif
Vorm Bildschirm sich schief. –
So ändert die Welt sich – wie schade!

Wer weiß?

Ein Mensch schreibt feurig ein Gedicht:
So, wie's ihm vorschwebt, wird es nicht.
Vielleicht hat Gott sich auch die Welt
Beim Schöpfen schöner vorgestellt.

Das Hilfsbuch

Ein Mensch, nichts wissend von »Mormone«,
Schaut deshalb nach im Lexikone
Und hätt es dort auch rasch gefunden –
Jedoch er weiß, nach drei, vier Stunden
Von den Mormonen keine Silbe –
Dafür fast alles von der Milbe,
Von Mississippi, Mohr und Maus:
Im ganzen »M« kennt er sich aus.
Auch was ihn sonst gekümmert nie,
Physik zum Beispiel und Chemie,
Liest er jetzt nach, es fesselt ihn:
Was ist das: Monochloramin?
»Such unter Hydrazin«, steht da.
Schon greift der Mensch zum Bande »H«
Und schlägt so eine neue Brücke
Zu ungeahntem Wissensglücke.
Jäh fällt ihm ein bei den Hormonen
Er sucht ja eigentlich: Mormonen!
Er blättert müd und überwacht:
Mann, Morpheus, Mohn und Mitternacht …
Hätt weiter noch geschmökert gern,
Kam bloß noch bis zu Morgenstern
Und da verneigte er sich tief
Noch vor dem Dichter – und – entschlief.

Das Kursbuch

Ein Mensch ist der Bewundrung voll:
Nein, so ein Kursbuch – einfach toll!
Mit wieviel Hirn ist das gemacht:
An jeden Anschluß ist gedacht:
Es ist der reinste Zauberschlüssel –
Ob München–Kassel, Bremen–Brüssel,
Ob Bahn, ob Omnibus, ob Schiff –
Man findet's leicht – auf einen Griff!
Dabei sind auch noch Güterzüge
In das verwirrende Gefüge
Des Fahrplans ständig eingeschoben!
Die Bahn kann nicht genug man loben!
Der Mensch, in eitlem Selbstbespiegeln,
Rühmt sich, dies Buch mit sieben Siegeln
Zu lesen leicht, von vorn bis hinten,
Trotz seiner vielbesprochnen Finten.
Schon fährt der Mensch nach Osnabrück
Und möcht am Abend noch zurück:
Und sieht, gedachten Zug betreffend,
Erst jetzt ein kleines f, ihn äffend;
Und ganz versteckt steht irgendwo:
»f) Zug fährt täglich, außer Mo.«
Der Mensch, der so die Bahn gelobt,
Sitzt jetzt im Wartesaal und tobt.
Und was er übers Kursbuch sagt,
Wird hier zu schreiben nicht gewagt.

Bücher

Ein Mensch, von Büchern hart bedrängt,
An die er lang sein Herz gehängt,
Beschließt voll Tatkraft, sich zu wehren,
Eh sie kaninchenhaft sich mehren.
Sogleich, aufs äußerste ergrimmt,
Er ganze Reihn von Schmökern nimmt
Und wirft sie wüst auf einen Haufen,
Sie unbarmherzig zu verkaufen.
Der Haufen liegt, so wie er lag,
Am ersten, zweiten, dritten Tag.
Der Mensch beäugt ihn ungerührt
Und ist dann plötzlich doch verführt,
Noch einmal hinzusehn genauer –
Sieh da, der schöne Schopenhauer …
Und schlägt ihn auf und liest und liest,
Und merkt nicht, wie die Zeit verfließt …
Beschämt hat er nach Mitternacht
Ihn auf den alten Platz gebracht.
Dorthin stellt er auch eigenhändig
Den Herder, achtundzwanzigbändig.
E. T. A. Hoffmanns Neu-Entdeckung
Schützt diesen auch vor Zwangs-Vollstreckung.
Kurzum, ein Schmöker nach dem andern
Darf wieder auf die Bretter wandern.
Der Mensch, der so mit halben Taten
Beinah schon hätt den Geist verraten,
Ist nun getröstet und erheitert,
Daß die Entrümpelung gescheitert.

Billige Reise

Ein Mensch holt sich für die bezweckte
Fahrt in die Ferien viel Prospekte,
Die, was verdächtig, unentgeltlich
In reichster Auswahl sind erhältlich
Und die in Worten wie in Bildern
Den Reiz jedweder Gegend schildern.
Begeisternd sind die Pensionen,
In denen nette Menschen wohnen.
Ganz herrlich sind die Alpentäler,
Wo preiswert Bett und Mittagsmähler.
Doch würdig reifer Überlegung
Ist auch am Meere die Verpflegung.
Es fragt sich nur ob Ost-, ob Nord-?
Und schließlich: wie wär es an Bord?
Nicht zu verachten bei den Schiffen
Der Lockruf: »Alles inbegriffen!«
Der Mensch, an sich nicht leicht entschlossen,
Hat lesend schon genug genossen
Und bleibt, von tausend Bildern satt,
Vergnügt in seiner Heimatstadt.

Lichtbildnerei

Die Wirklichkeit hält häufig nicht,
Was uns das Werbebild verspricht,
Weil man's so günstig selten traf,
Wie der erfahrne Fotograf.
Der stellt sich dorthin mit viel List,
Wo's kaum noch menschenmöglich ist,
Daß Mast nicht noch Reklameschild
Ihm kommen ins erwünschte Bild.
Er turnt, sein Blickfeld zu erweitern,
Herum auf Dächern und auf Leitern,
Ein Mädchen in der Landestracht
Hat er sich selber mitgebracht,
Und fünf Uhr früh siehst du ihn lauern
Aufs Ochsenfuhrwerk eines Bauern.
Kurz, Kennerblick und zäher Wille
Erzwingen nochmal die Idylle,
Die eigentlich schon lange fort –
Bis du kommst, stehn nur Autos dort.
Die Berge nimmt er auf bei Föhn
In Wolken, die besonders schön,
Und bei Schloß Chillon, beispielsweise,
Drückt er sich an die Bahngeleise.
Du selbst, entbehrend solcher Tips,
Hast wenig Glück mit dem Geknips.
Drum kauf, das rat ich dir, Geselle,
Ein Meisterbild an Ort und Stelle!

Reklame

Des Passes Höhe ist genommen –
Italien heißt uns willkommen!
Und zwar mit Worten wie mit Taten:
In Form von riesigen Plakaten!
Es grüßt mit Salben und mit Seifen,
Mit ungeheuren Autoreifen,
Es zeigt ein Weib uns, frisch und rosig
Die Beine, werbend seidenhosig
Weit in die Fahrbahn vorgestreckt,
Ein andres, das die Zähne bleckt,
Damit, im neuen Land zu Gaste,
Man sich gleich auskennt mit der Paste.
Ein drittes, mit gewölbtem Busen,
Nährt unsern keuschen Drang nach Blusen
Und in die nächste Werbebresche
Zwängt eines sich mit Unterwäsche.
Ein Knäblein plätschert, im Bidet,
Süß-nackt vom Scheitel bis zur Zeh
Und hat man Glück, sieht man die Gletscher
Der Alpen zwischen dem Geplätscher.
Doch nein! Die Alpen sind nicht echt!
Ein neues Schaubild sich erfrecht,
Uns mitten in den Dolomiten
Sie nochmals, hölzern, darzubieten,
Mit schreierischem Werbetext
Von Grand-Hotellen vollgekleckst.
Ein Arm mit Flasche drohend winkt:
»Daß Ihr mir Kognac Stock bloß trinkt!«
Wie überhaupt des Fahrers Seele
Wird eingeschüchtert durch Befehle.
Bis Brixen kennt er schon die Titel
Der Zeitungen und Haarwuchsmittel,

Er weiß, wo an Kalabriens Küste
Er, falls er hinkäm, wohnen müßte,
Und ward schon zwölfmal eingeladen,
Doch in Cattolica zu baden. –
Worauf er denkt, was viele dachten:
Die Schilder nicht mehr zu beachten.
Er fährt, mag's links und rechts auch locken
Blindwütig weiter, ohne Stocken.
Am Straßenkreuz kracht's leider wild:
Denn diesmal war's ein Warnungsschild!

Schlüpfrige Dinge

Ein Mensch, der auf der Straße ging,
Mit seinen Augen sich verfing
In einem Laden, drin ein Weib
Höchst schamlos zeigte seinen Leib,
Der nur aus Pappendeckel zwar,
Doch fleischlich in der Wirkung war.
Von Hemd und Höschen zart umhüllt,
Das Blendwerk nur den Zweck erfüllt,
Zu schlagen eine breite Bresche
In den erlaubten Wunsch nach Wäsche.
Und da dem Reinen alles rein,
Sah das der Mensch auch alsbald ein
Und ging mit einer grenzenlosen
Hochachtung fort für Damenhosen.

Zwei Seelen

Zwei Seelen wohnen in der Brust:
Die hohe, kunst- und pflichtbewußt,
Rät, auszuharren in Museen –
Die niedre möcht ins Wirtshaus gehn.
Selbst Dürer wird zum Schluß verraten
Um einen guten Schweinebraten!

Ohne Wirkung

Ein Weibs-Bild, das splitternackt zwar,
Jedoch gemalt ganz abstrakt war,
Ließ jung und alt
In der Ausstellung kalt,
Weil niemand erotisch gepackt war.

Kunst

Ein Mensch malt, von Begeisterung wild,
Drei Jahre lang an einem Bild.
Dann legt er stolz den Pinsel hin
Und sagt: »Da steckt viel Arbeit drin.«
Doch damit war's auch leider aus:
Die Arbeit kam nicht mehr heraus.

Kunst

Ein Mensch hält an dem Grundsatz fest,
Daß über Kunst sich streiten läßt.
Er widersteht den Avantgarden
Und ihren wortgewandten Barden.
(Modern sein kann heut jeder gut –
Altmodisch sein: dazu braucht's Mut!)
Selbst jung, hat er sich zu den jungen
Expressionisten durchgerungen
Und meint, er habe es geschafft.
Jedoch mit neuer Schöpferkraft
Beginnen nunmehr die Tachisten
Picasso selbst mit auszumisten.
Der Mensch beflügelt seinen Schritt
Und wirklich kommt er grad noch mit.
Wild schreit die Avantgarde: »Patzer!«
Und ritzt in leere Flächen Kratzer.
Der Mensch, nur daß er sei modern,
Beschwört, er sehe so was gern.
Die Jüngsten halten das für Dreck
Und lassen selbst die Kratzer weg.
Der Mensch muß arg sich überwinden,
Um das als Kunst noch zu empfinden.
Er stellt, um ja nicht zu erlahmen,
Sich brav vor leere Bilderrahmen:
Ein bißchen scheint's ihm übertrieben –
Schon gilt er als zurückgeblieben.

Un-Gehöriges

Musik, mit Geräusch verbunden,
Schon Busch hat nicht schön sie gefunden.
Mit Knattern und Wimmern
Sie's heut noch verschlimmern:
Musik im Geräusch ist verschwunden.

Radio-Aktivität

Behandelt wirst du früh und spät
Mit Radio-Aktivität.
Oft geht sie durch das ganze Haus
Und sendet dauernd Strahlen aus.
Sie holt Musik aus aller Welt,
Die, keineswegs von dir bestellt,
Auf Wellen von verschiedner Länge
Gehör- sowie Gedankengänge
Durchkreuzt mit martervollem Wühlen:
Ja, wer nicht hören will, muß fühlen.
Rezept: Sich wehren, wäre Wahn –
Schaff selbst so einen Kasten an,
Sing laut, daß alle Wände beben,
Just, wenn Gesang dir nicht gegeben;
Spiel schlecht Klavier, lern Posthorn blasen,
Kurz, bring die andern du zum Rasen.
Dann sind wohl schon nach kurzer Zeit
Zum Waffenstillstand sie bereit.

Der Kenner

Ein Mensch sitzt stolz, programmbewehrt,
In einem besseren Konzert,
Fühlt sich als Kenner überlegen –
Die anderen sind nichts dagegen.
Musik in den Gehörgang rinnt,
Der Mensch lauscht kühn verklärt und sinnt.
Kaum daß den ersten Satz sie enden,
Rauscht er schon rasend mit den Händen
Und spricht vernehmliche und kluge
Gedanken über eine Fuge
Und seufzt dann, vor Begeisterung schwach:
»Nein, wirklich himmlisch, dieser Bach!«
Sein Nachbar aber grinst abscheulich:
»Sie haben das Programm von neulich!«
Und sieh, woran er gar nicht dachte:
Man spielt heut abend Bruckners Achte.
Und jäh, wie Simson seine Kraft,
Verliert der Mensch die Kennerschaft.

Bescheidung

Ich übte mich lange im Bach-Spiel,
Dann merkte ich doch, wie ich schwach spiel.
Jetzt, daß es nicht stört,
Weil niemand es hört,
Begnüge ich mich mit dem Schachspiel.

Der Mensch – jedoch genug davon:
So ähnlich ging's uns allen schon

Von Menschlichem und Allzumenschlichem

Schadhafte Leitung

Ein Mensch, der fühlt, wie's immer klopft,
Merkt plötzlich: seine Seele tropft.
Und folgerichtig schließt er draus:
Sie hat ein Loch, sie rinnt ihm aus.
Und unverzüglich-unverzagt
Forscht er nun, wo es tropft und nagt.
Die Frage wird zuerst erledigt,
Ob er sie wie wo wann beschädigt.
Jedoch er ist, bei heiler Brust,
Sich keines solchen Falls bewußt.
Nun meint er, daß es etwa gelte,
Ob sie durch Wärme oder Kälte
Gewissermaßen selbst zersprungen?
Der Nachweis ist ihm nicht gelungen.
Wenn nicht die Hitze und der Frost,
Vielleicht, daß sie des Neides Rost,
Der Ehrsucht Säure angefressen?
Doch war auch dies nicht zu ermessen.
Undenkbar auch, daß sie an Wonnen
Geplatzt und somit ausgeronnen.
Doch während er so überlegt,
Tropft seine Seele unentwegt.
Die ausgelaufnen Seelensäfte
Zerlaugen seine besten Kräfte,
So daß er froh ist, wenn zum Schluß
Die Seele ganz verrinnen muß.
Hernach lebt er noch lange Zeit
In selbstzufriedner Trockenheit.

Vergebliches Heldentum

Ein Mensch, sonst von bescheidnem Glücke,
Merkt plötzlich, daß mit aller Tücke
Aushungern ihn das Schicksal will:
Es wird um ihn ganz seltsam still,
Die kleinsten Dinge gehn ihm schief,
Die Post bringt nie mehr einen Brief,
Es schweigt sogar das Telefon,
Die Freunde machen sich davon,
Die Frauen lassen ihn allein,
Der Steuerbote stellt sich ein,
Ein alter Stockzahn, der links oben,
Fängt unvermutet an zu toben,
Ein Holzschnitt, für viel Geld erworben,
Ist, wie er jetzt erst merkt, verdorben
Und auch kein echter Toyokuni;
Es regnet, hagelt, schneit im Juni,
Die Zeitung meldet schlimme Sachen,
Kurzum – der Mensch hat nichts zu lachen.
Er lacht auch nicht. Jedoch er stellt
Dem tückischen Schicksal sich als Held:
Auf Freund und Frau verzichtet er,
Das Telefon vernichtet er,
Umgehend zahlt er seine Steuer,
Den Holzschnitt wirft er in das Feuer
Und reißen läßt er sich den Zahn:
Was menschenmöglich, ist getan.
Und trotzdem geht es schlimm hinaus:
Das Schicksal hält es länger aus.

Nur nicht ärgern!

Ein Mensch kommt gradeswegs aus Essen
– Lang ist im Wagen er gesessen –,
Vorbei an Duisburg, Köln und Bonn
Todmüd am Abend nach Heilbronn.
Ein Telegramm liegt im Hotel:
Nach Duisburg kommen, bitte, schnell!
Der Mensch fährt nun das ganze Stück,
Am andern Tage brav zurück …
Dann strebt, vorbei an Köln und Bonn,
Er wieder eilig nach Heilbronn.
Er ist noch auf den Treppenstufen –
Schon heißt's: »Sie sind von Köln gerufen!«
Verfluchend Himmel, Erd und Hölln,
Fährt er nun wiederum nach Köln,
Und dann, vorüber rasch an Bonn,
Zum drittenmale nach Heilbronn.
Er ist noch gar nicht richtig dort,
Schon heißt es: »Bonn braucht Sie, sofort!«
Der Mensch – jedoch genug davon:
So ähnlich ging's uns allen schon …

Bescheidenheit

Ein Mensch möcht erste Geige spielen –
Jedoch das ist der Wunsch von vielen,
So daß sie gar nicht jedermann,
Selbst wenn er's könnte, spielen kann:
Auch Bratsche ist für den, der's kennt,
Ein wunderschönes Instrument.

Gegen Aufregung

Wen Briefe ärgern, die er kriegt,
Dem sei, auf daß sein Zorn verfliegt,
Genannt ein Mittel, höchst probat,
Das manchem schon geholfen hat.
Er suche sich aus alten Akten
Die schon erledigt-weggepackten
Droh-, Schmäh-, Mahn-, Haß- und Liebesbriefe,
Die schliefen in Vergessenstiefe:
Beschwichtigt alles und berichtigt,
Entzichtigt, nichtig und entwichtigt!
So wird die Zeit mit dem bald fertig,
Was gegen-, vielmehr widerwärtig.
Ad acta wirst auch du gelegt
Samt allem, was dich aufgeregt.

Die Prüfung

Ein Mensch sieht sich auf dieser Welt
Vor mehr als ein Problem gestellt.
Der liebe Gott, ein strenger Lehrer,
Macht ihm die Schule täglich schwerer.
Der Mensch meint oft, daß er es spürt,
Wie über ihn wird Buch geführt
Und wie im Himmel hoch ein Engel
Notiert die Leistung wie die Mängel –
Und wie wohl auch der Teufel schreibt,
Was alles er an Unfug treibt.
Wie gern möcht er – doch ist's verboten! –
Nur einmal spitzen in die Noten:
Ob er ein Einser-Schüler sei,
Ob höchstens Durchschnitt, so um drei?
Ob er das Klassenziel erreicht,
Erfährt er, nach dem Tod, vielleicht!
Doch Reue keinen Sinn dann hat:
Die Prüfung fand auf Erden statt.

Der Pechvogel

Ein Mensch, vom Pech verfolgt in Serien,
Wünscht jetzt sich von den Furien Ferien.
Er macht, nicht ohne stillen Fluch,
Ein dementsprechendes Gesuch.
Jedoch wird, wie so oft im Leben,
Dem höhern Orts nicht stattgegeben.
Begründung: »Wechsel sich nicht lohnt,
Wir sind den Menschen schon gewohnt.«

Der Termin

Ein Mensch, der sich, weil's weit noch hin,
Festlegen ließ auf den Termin,
Sieht jetzt, indes die Wochen schmelzen,
Die schwere Last sich näher wälzen.
Er sucht nach Gründen, abzusagen,
Er träumt, noch in den letzten Tagen,
Wie einst als Schulbub, zu entwischen:
Ein schwerer Unfall käm dazwischen ...
Umsonst – es bleibt ein leerer Wahn:
Der schicksalsvolle Tag bricht an! –
Und geht dann doch vorüber, gnädig.
Der Mensch ist froh, der Sorgen ledig.
Er schwört, er hab daraus gelernt –
Doch wie sich Tag um Tag entfernt,
Hat Angst und Qualen er vergessen –
Und läßt sich unversehens pressen
Zu noch viel scheußlicherm Termin –
Denn es ist weit und weit noch hin.

Verpaßte Zeit

Sobald dir dein Gewissen rät,
's wär höchste Zeit – ist's schon zu spät!

Besorgungen

Ein Mensch geht eines Vormittages,
Gewärtig keines Schicksalsschlages,
Geschäftig durch die große Stadt,
Wo viel er zu besorgen hat.
Doch schon trifft ihn der erste Streich:
Ein Türschild tröstet: »Komme gleich!«
Gleich ist ein sehr verschwommnes Wort,
Der Mensch geht deshalb wieder fort,
Zum zweiten Ziele zu gelangen:
»Vor fünf Minuten weggegangen …«
Beim dritten hat er auch kein Glück:
»Kommt in acht Tagen erst zurück!«
Beim vierten heißt's, nach langem Lauern:
»Der Herr Direktor läßt bedauern …«
Ein überfülltes Wartezimmer
Beim fünften raubt den Hoffnungsschimmer.
Beim sechsten stellt es sich heraus:
Er ließ ein Dokument zu Haus.
Nun kommt der siebte an die Reih:
»Geschlossen zwischen zwölf und zwei!«
Der Mensch, von Wut erfüllt zum Bersten,
Beginnt nun noch einmal beim ersten.
Da werden ihm die Kniee weich:
Dort steht noch immer: »Komme gleich!«

Zur Warnung

Ein Mensch, zu kriegen einen Stempel,
Begibt sich zum Beamten-Tempel
Und stellt sich, vorerst noch mit kalter
Geduld zum Volke an den Schalter.
Jedoch, wir wissen: Hoff- und Harren
Das machte manchen schon zum Narren.
Sankt Bürokratius, der Heilige,
Verachtet nichts so sehr wie Eilige.
Der Mensch, bald närrisch-ungeduldig
Vergißt die Ehrfurcht, die er schuldig,
Und, wähnend, daß er sich verteidigt,
Hat er beamten- schon beleidigt.
Er kriegt den Stempel erstens nicht,
Muß, zweitens, auf das Amtsgericht,
Muß trotz Entschuldigens und Bittens
Noch zehn Mark Strafe zahlen, drittens,
Muß viertens, diesmal ohne Zorn,
Sich nochmal anstelln, ganz von vorn,
Darf, fünftens, keine Spur von Hohn
Raushörn aus des Beamten Ton
Und darf sich auch nicht wundern, sechstens,
Wenn er kriegt Scherereien, nächstens.
Geduld hat also keinen Sinn,
Wenn sie uns abreißt, mittendrin.

Bedrängnis

Oft hat – ich hoffe nur, es führe,
Daß ich den heiklen Punkt berühre,
Nicht mit den Lesern zum Zerwürfnis –
Ein Mensch ein menschliches Bedürfnis.
Anstalten trifft man oft nicht an,
Woselbst man solche treffen kann.
Drum ist es gut, wenn unverweilt
Der so Bedrängte heimwärts eilt.
Auch achte er, indes er rennt,
Zu treffen keinen, der ihn kennt
Und ihn, der nichts will als verschwinden,
Ausführlich fragt nach dem Befinden.
Er sei in solchem Fall zwar höflich,
Doch *kurz* – sonst endet's kataströphlich.

Immer falsch

Ein Mensch – seht ihn die Stadt durchhasten! –
Sucht dringend einen Postbriefkasten.
Vor allem an den Straßenecken
Vermeint er solche zu entdecken.
Jedoch, er bleibt ein Nicht-Entdecker –
Dafür trifft fast auf jedem Fleck er
Hydranten, Feuermelder an,
Die just er jetzt nicht brauchen kann.
Der Mensch, acht Tage später, rennt
Noch viel geschwinder, denn es brennt!
Doch hält das Schicksal ihn zum besten:
An jedem Eck nur Postbriefkästen!

Immer ungelegen

Ein Mensch, gemartert von der Hitze,
Fleht dürstend nach dem ersten Blitze.
Ein Wolkenbruch wär selbst gesegnet:
Zwölf Wochen lang hat's nicht geregnet.
Jetzt endlich braut sich was zusammen:
Es schlagen die Gewitterflammen
Schon in den Himmel eine Bresche –
Doch, wie?! Der Mensch hat große Wäsche!
Nur heute, lieber Gott, halt ein
Und laß nochmal schön Wetter sein!
Der Tod, der Gläubiger, der Regen –
Die kommen immer ungelegen:
Rechtzeitig zweifellos an sich –
Doch nie zur rechten Zeit für dich!

Verhinderter Dichter

Ein Mensch, zur Arbeit wild entschlossen,
Ist durch den Umstand sehr verdrossen,
Daß ihm die Sonne seine Pflicht
Und Lust zum Fleißigsein zersticht.
Er sitzt und schwitzt und stöhnt und jammert,
Weil sich die Hitze an ihn klammert.
Von seinem Wunsch herbeigemolken,
Erscheinen alsbald dunkle Wolken,
Der Regen rauscht, die Traufen rinnen.
Jetzt, denkt der Mensch, kann ich beginnen!
Doch bleibt er tatenlos und sitzt,
Horcht, wie es donnert, schaut, wie's blitzt,
Und wartet, dumpf und hirnvernagelt,
Ob's nicht am Ende gar noch hagelt.
Doch rasch zerfällt das Wettertoben –
Der Mensch sitzt wieder: Siehe oben!

Petri Heil

Ein Fischer, bei Interlaken
Kriegt leider nichts an den Haken.
Beim Wetter, dem heißen,
Die Fische nicht beißen –
Um so ärger die Bremsen und Schnaken.

Regenversicherung

Ein Sommerregen ist erfreulich,
Ein Regensommer ist abscheulich.
Doch jetzt schaut jeder naus und kichert:
»Nur zu, nur zu! Ich bin versichert!«
Er wird's dem Petrus nicht verübeln,
Gießt er das Wasser wie aus Kübeln.
»Laß regnen!« fleht er untertänig,
»Doch bitte, bitte, nicht zu wenig!«
Der Prämie verlustig geht er,
Fehlt bloß ein einziger Millimeter.
Ein Sonnenstrahl kann's ihm verscherzen –
Drum hat er Sonne *nur* im Herzen,
Wenn, bis zum End der Urlaubszeit,
Es draußen regnet, stürmt und schneit.

Verdorbene Winterreise

Erst war in Krimml Harsch und Firn,
Jetzt regnet's: »Himmel, ...!«

Untersuchung

Der ärgste Schmerz uns manchmal tratzet,
Denn: »medico praesente tacet«.
Auf deutsch: Es hat uns bis zum Wahn
Noch eben etwas weh getan –
Doch fragt der Doktor: Wo? Wie? Wann?
Nichts Rechtes man ihm sagen kann.
Der Schmerz, er ist wie weggeblasen
Um unverzüglich neu zu rasen
Mit deutlich feststellbarer Pein,
Kaum, daß wir wieder ganz allein.

Beinahe

Ein Reisender in Afrika
Zwar Löwen weit und breit nicht sah,
Doch gierig, selbst sich zu verhelden,
Will er zu Hause trotzdem melden,
Ihn hätten – was ihm alle gönnen –
Leicht echte Löwen fressen können.
Der Kranke, dem fast nichts gefehlt,
Ist oft vom gleichen Drang beseelt;
Und er erzählt voll Schauderwonnen,
Wie knapp er nur dem Tod entronnen.
Der Arzt hat's selbst ihm angedeutet:
Fast hätt man ihn zu Grab geläutet.
In diesem würde er jetzt liegen,
Wär's Fieber *noch* zwei Grad gestiegen,
Und seine Grabschrift könnt man lesen,
Wär nicht sein Herz so stark gewesen.
Man hätte ihn hinausgetragen,
Hätt Gelbsucht sich dazugeschlagen.
Und längst läg er im kühlen Bette,
Wenn gar versagt die Niere hätte.
Er hätte müssen in die Erden,
Wärn auch gekommen Milzbeschwerden …
Wir schmunzeln nur in diesem Falle:
So beinah starben wir schon alle!

Gegensätze

Ein Mensch, zu reisen um halb zehn,
Beschließt, um sechs Uhr aufzustehn,
Damit er sich nicht hetzen muß:
Gemütlichkeit ist ihm Genuß!
Er blödelt hier, er trödelt dort –
Er braucht ja lange noch nicht fort!
Er trinkt Kaffee und liest in Ruh
Sein Blättchen – er hat Zeit dazu!
Zeit? Höchste Zeit, daß er sich schleune:
Denn plötzlich sieht er, fast ist's neune!
Doch wie er sich auch jetzt noch tummelt –
Zu spät: er hat den Zug verbummelt!
Ein andrer Mensch, der leider glatt
Die Aufstehfrist verschlafen hat,
Wacht auf, sieht auf den ersten Blick
Das äußerst drohende Geschick,
Reißt sich zusammen, und geschwind
Braust auf die Bahn er, wie der Wind,
Erwischt den Zug, wenn auch nur knapp,
Und fährt, ein Sieger, glücklich ab.
Wir hoffen, daß ihr selbst es wißt,
Daß dies ein Lebens-Gleichnis ist.

Je nachdem

Verschieden ist, je nach den Szenen,
Das Ziel, das Reisende ersehnen:
Die Griechen, in Kleinasiens Wüsten
»Thalatta!« froh das Meer begrüßten.
Columbus, als er sah den Strand,
»Tierra!« rief er jauchzend, »Land!«
Der Mensch nach einem Menschen schreit,
Erblickt er keinen weit und breit;
Ein andrer, mitten aus dem Trubel,
Begrüßt die Einsamkeit mit Jubel.
Wer hungrig stapft durch Sturm und Frost,
Träumt, wie behaglich in der »Post«
Er vor der warmen Suppe säß –
Indes ein zweiter, sinngemäß,
Vor Sommersglut schier am Ermatten,
Vom frischen Trunk schwärmt,
   kühl im Schatten.
Ein Mensch, der sich im Fels verstiegen,
Sieht drunten schön die Almen liegen;
Und einer, bergwärts keuchend schwer,
Denkt sich »Wenn ich erst droben wär!«
Kurz, jeder ist vom Drang beseelt,
Das zu erreichen, was ihm fehlt.

Für Notfälle

Das Fluchen ist an sich nicht schicklich –
Doch manchmal hilft es, augenblicklich.

»Ich warne dich, Hugo,
Vor Spaghetti al sugo!«

Vom Essen und Trinken

Unterschied

Müßt, was er liest, so mancher essen –
Ihm grauste wohl vor solchem Fressen!

Das ist's!

Ein Mensch ißt gerne Kuttelfleck.
Ein andrer graust sich – vor dem Dreck:
Die ganze Welt, das ist ihr Witz,
Ist Frage nur des Appetits.

»Die Suppe ist köstlich!« sagt der vierjährige Stefan und es
klingt nach hohem Lob und tiefer Überzeugung; aber entschlossen legt er den Löffel hin und erklärt: »Köstlich mag
ich gar nicht!«

Der starke Kaffee

Ein Mensch, der viel Kaffee getrunken,
Ist nachts in keinen Schlaf gesunken.
Nun muß er zwischen Tod und Leben
Hoch überm Schlummerabgrund schweben
Und sich mit flatterflinken Nerven
Von einer Angst zur andern werfen
Und wie ein Affe auf dem schwanken
Gezweige turnender Gedanken,
Muß über die geheimsten Wurzeln
Des vielverschlungnen Daseins purzeln
Und hat verlaufen sich alsbald
Im höllischen Gehirn-Urwald.
In einer Schlucht von tausend Dämpfen
Muß er mit Spukgestalten kämpfen,
Muß, von Gespenstern blöd geäfft,
An Weiber, Schule, Krieg, Geschäft
In tollster Überblendung denken
Und kann sich nicht ins Nichts versenken.
Der Mensch in selber Nacht beschließt,
Daß er Kaffee nie mehr genießt.
Doch ist vergessen alles Weh
Am andern Morgen – beim Kaffee.

Tee-lepathie

Fand einer Heilung rasch, der krank war,
Ist er natürlich riesig dankbar.
Er schreibt der Firma ganz freiwillig,
Die Tee versendet, gut und billig.
Dankschreiben finden in der Zeitung
Mit Recht in Wort und Bild Verbreitung.
Da sehn wir eine Frau aus Sachsen
Seit siebzehn Jahren darmverwachsen,
Wie blickt sie uns jetzt rüstig an:
Der Tee, der hat ihr gutgetan.
Des weitern schreibt ein Herr aus Danzig,
Dort wohnhaft Schillerstraße zwanzig,
Daß er sich wieder glänzend fühlt:
Der Spulwurm ist hinweggespült.
Ein Mann, dem Kalk in ganzen Quadern
Gebröckelt schon in seinen Adern,
Schreibt, daß sein Blut jetzt dünner rönne
Und daß er wieder schlafen könne.
Durchs Leben jeder gerne wandelt,
Mit Tee ganz schmerzlos fernbehandelt.

Falsche Ernährung

Ein Mensch, den falscherweise meist
Man lebensüberdrüssig heißt,
Ist, und das macht den Fall erst schwierig,
In Wahrheit lebensübergierig,
So daß er jedes Maß vergißt
Und sich an Wünschen überfrißt.
Der Typ des reinen Hypochonders
Freut sich am Leben ganz besonders,
Unüberwindlich bleibt ihm nur
Die innere Zwietracht der Natur.
Oft wär er gerne dionysisch,
Doch er verträgt's nicht, schon rein physisch.
Oft wär ihm sanftes Glück beschieden,
Doch fehlt es ihm an Seelenfrieden.
Da er nie ausnützt, was er hat,
Wird er vom Leben auch nicht satt,
So daß er bald nach vielem greift,
Was ihm noch gar nicht zugereift,
Den Magen gründlich sich verdirbt
Und dann an Melan-kolik stirbt.

Lebensleiter

Ein Mensch gelangt, mit Müh und Not,
Vom Nichts zum ersten Stückchen Brot.
Vom Brot zur Wurst geht's dann schon besser;
Der Mensch entwickelt sich zum Fresser
Und sitzt nun, scheinbar ohne Kummer,
Als reicher Mann bei Sekt und Hummer.
Doch sieh, zu Ende ist die Leiter:
Vom Hummer aus geht's nicht mehr weiter.
Beim Brot, so meint er, war das Glück. –
Doch findet er nicht mehr zurück.

Schwacher Magen

Ein Jüngling, einen frohen Abend
Im Freundeskreis genossen habend,
Belügt sich, schon ins Bett gesunken,
Er habe gar nicht viel getrunken.
Doch schon erfaßt ihn wild und schnell
Das sogenannte Karussell.
Er bittet Gott in seiner Pein,
Nachsichtig noch einmal zu sein,
Und nun bekennt er, reueoffen:
»Jawohl, ich hab zuviel gesoffen.
Ich tu es nie mehr, werde brav –
Nur heute gönne mir den Schlaf!«
Nun, es kann sein, er kommt hinüber,
Doch meistens endet sowas trüber. –
Der Wein gilt zwar als Sorgenbrecher,
Doch oft ist halt der Magen schwächer.

Magenbeschwerden

Wohl dem Gesunden, der's verträgt,
Daß er sich wüst den Bauch vollschlägt.
Doch hat selbst der nicht immer Glück,
Denn manchmal schlägt der Bauch zurück.

Geschütteltes

Du sollst dein krankes Nierenbecken
Nicht mit zu kalten Bieren necken.

Auch müßtest du bei Magenleiden
Den Wein aus sauren Lagen meiden.

Glaub nicht, daß alle Zungen lügen,
Die warnen vor den Lungenzügen.

Auf Pille nicht noch Salbe hoff,
Wer täglich dreizehn Halbe soff.

Bestätigung

Noch heut gilt als der Heilkunst Fels
Der große Meister Paracels.
Er sprach, als Mann von Ruhm und Titel:
Heilmittel sein auch Nahrungsmittel,
Wie wechselweis im Gegenteil
Die Nahrungsmittel sein auch Heil. –
Ein Wort, das heut erst sich bewährt,
Da alles sich von Pillen nährt.

Roh-Köstliches

Die Rohkost macht durchaus nicht roh,
Sie macht uns frisch und frei und froh,
Nicht grade fromm, doch ziemlich frömmlich,
Und sie ist ungemein bekömmlich.
Vereint mit Kulten, rein und östlich,
Macht sie das Seelenleben köstlich,
Nur oft ein bißchen flügellahm,
Zwar dulderisch, doch unduldsam
Teils gegen männlich frohe Taten,
Teils gegen Schweins- und Kälberbraten.

Diät

Gern hört man, abends eingeladen,
Daß gute Dinge uns nicht schaden.
So will der Hausherr, dieser Schurke,
Uns überzeugen, daß die Gurke,
Wie er sie anmacht, leicht verdaulich,
Die Hausfrau teilt uns mit, vertraulich,
Wie sie an Magensäure litte;
Sie wolle uns nicht drängen, bitte,
Das sei gewiß nicht ihre Art –
Doch diese Tunke sei soo zart …
Auch wird uns dringend angeraten
Der fast nicht fette Schweinebraten.
Der Weißwein kann, im allgemeinen
Sei's zugegeben, schädlich scheinen.
Doch dieser, ein gepflegter Franke,
Sei grade gut für Magenkranke.
Der also überzeugte Gast
Hätt es auch gut vertragen – *fast!*

Ob man ihn siede, brate, backe –
Von auserlesnem Wohlgeschmacke
Ist, wenn zu alt nicht und verschleimt,
Der Karpfen, auf den nichts sich reimt,
Weshalb die Dichter, die den Fisch,
Sonst gerne bringen auf den Tisch,
Nur selten greifen in die Harpfen,
Ein Lob zu singen auf den Karpfen.

Das Schnitzel

Ein Mensch, der sich ein Schnitzel briet,
Bemerkte, daß ihm das mißriet.
Jedoch, da er es selbst gebraten,
Tut er, als wär es ihm geraten,
Und, um sich nicht zu strafen Lügen,
Ißt er's mit herzlichem Vergnügen.

Alpenglühen

Kein Wunder beut der Menge Halt:
Das Alpenglühn die Hänge malt.
Das Licht strahlt immer reiner aus –
Und doch, es schaut nicht *einer* raus;
Natur kann heute nicht mehr locken:
Beim Nachtmahl alle Leute hocken,
Ich steh noch traumvergessen, eh –
Ich auch hinein zum Essen geh!

Im Ristorante

Der Mann wollt bestellen, was lecker –
Vergeblich der Gattin Gemecker:
»Ich warne dich, Hugo,
Vor Spaghetti al sugo!« –
Ganz schauderhaft war das Geklecker!

Schwammerlsuppe

In Hochgart bei Berchtesgaden hatten wir auch einen Holzkopf von Kunstmaler als Hausgast, Bachleitner. Der Ausruf: »Harrgott!« war die für alle Gemütsbewegungen gültige Äußerung seines bescheidenen Seelenlebens. Unserm Freund Doktor Billinger war er das, was die Römer einen Klienten nannten: gefütterter armer Hund und verachteter Tellerlecker zugleich, Zielscheibe des Spottes, Abladeplatz jedes dummen Tratsches und jedes Ärgers über die Welt, ja, zum Prüfstein dafür, wie weit man in der Entwürdigung eines Menschen gehen könne; aber auch letzte Zuflucht eines selbst Einsamen.

Später machte dieser so lang erniedrigte und beleidigte Mensch eine reiche Partie und nahm eine nachträgliche Rache, indem er nicht nur seinen einstigen Gönner nicht mehr grüßte, sondern auch uns schnitt, als hätte er uns nie gekannt, obwohl gerade wir ihm nur Gutes – und ohne jeden Stachel – getan hatten.

Steinpilze gab es damals, nach der Jahrhundertwende, auch in Berchtesgaden noch genug, aber meine Mutter, die die Pilze kannte, ließ auch andere gelten, ein Mischgemüse war nach ihrer Ansicht das beste. Und so gingen wir eines Tags begeistert in die Schwammerl, und Bachleitner, der selbst keinen sah, auch wenn er ihm vor der Nase stand, rief staunend: »Harrgott«, wenn wir ihm ein Prachtstück zeigten, und er rief auch »Harrgott!«, als die dampfende Schüssel hereingetragen wurde. Um so erstaunlicher war es, daß er von seinem Gastrecht, sich als erster einen Teller voll herauszuschöpfen, keinen Gebrauch machte, obgleich er doch oft erklärt hatte, daß Schwammerlsuppe zu seinen Leibspeisen zähle.

Als ihn meine Mutter, nachdem wir Kinder schon kräftig am Essen waren und sie selbst sich ihren Anteil genommen hatte, geradezu fragte, ob er denn keine Schwammerlsuppe möge, sagte er: »Harrgott ja! für mein Leben gern – aber wenn ich *abends* um einen Teller bitten dürfte!«

Uns Kindern wurde damals die Unverfrorenheit nicht bewußt, mit der unser Gast eine fünfköpfige Familie zu Versuchskaninchen machen wollte dafür, ob die Pilze giftig seien oder nicht; und meine Mutter bekam zwar einen roten Kopf, aber sie sagte ihm freundlich zu, für den Abend etwas für ihn aufzuheben; es war ja auch so reichlich übrig, daß sogar wir Buben es nicht hätten bewältigen können. Und wirklich, als uns der Gast am Abend so munter und ohne eine Spur von Unbehagen am Tisch sitzen sah, tat er sich keinen Zwang mehr an und aß vor unseren Augen mit großer Lust und unter vielen »Harrgotts!« und »köstlich!« nicht nur einen, sondern randvolle zwei Teller der herrlichen Suppe; und es war dann auch gewiß nicht an den Haaren herbeigezogen, daß das Tischgespräch noch weiterhin über den Segen des Waldes ging, über Pilzerfahrungen aller Art; und es klang durchaus nicht wie Bosheit, daß meine Mutter einfließen ließ, das Gefährliche sei, daß der schlimmste Giftschwamm, der Knollenblätterpilz, seine tödliche Wirkung erst nach zwölf, ja oft zwanzig Stunden offenkundig mache. Und nur aus der betonten Liebenswürdigkeit, mit der sie dem blaß verstummten Gast eine gute Nacht wünschte, hätte ein Frauen- (und Schwammerl-)kenner jenen Triumph weiblicher Rache heraushören können, die bekanntlich kalt genossen am besten schmeckt.

Der Pilz-Fachmann

Ein Mensch, als Schwammerlkenner groß,
Hat ein beklagenswertes Los:
Daß er sich ausruht und gut nährt,
Aufs Land er zu Verwandten fährt –
Statt dessen heißt es gleich: Hurra!
Jetzt ist der Schwammerlonkel da!
Schon wird mit Freund und Freundesfreund
Den ganzen Tag der Wald durchstreunt;
Dem Menschen wird zur sauren Pflicht
Der ambulante Unterricht:
Man hetzt ihn wild bergauf, bergab:
»Schau her, was ich gefunden hab!«
Als Lehrkraft ist er sehr von Nutzen,
Besonders auch beim Schwammerlputzen,
Und nachts noch muß er überwachen
Die Kochkunst, Pilze einzumachen.
Und weil dort jeder Schwammerl mag
Und sie nicht aß seit Jahr und Tag,
Gibt's als Gemüs, Salat und Suppen,
Nur Schwammerl, ach, bis in die Puppen.
Die Kirchweihgans wird erst verspeist,
Wenn er schon wieder abgereist.

Hörst du vor Schmerz die Engel singen,
Der Doktor zwingt ihn, abzuklingen

Vom Kranksein und Gesundwerden

Es bleibt sich gleich

Ein Mensch, der schrecklich Zahnweh hat,
Gibt gern dem frommen Wunsche statt,
Es möchte seines Schmerzes Quelle
Verlagern sich an andre Stelle.
Er hält es nämlich für gewiß,
Nichts quäle so wie das Gebiß.
Gerührt von seinen bittren Tränen,
Entführt der Teufel seinen Zähnen
Und rückt den freigewordnen Schmerz
Dem Wunsch entsprechend anderwärts.
Der Mensch, nunmehr mit Hämorrhoiden,
Ist ausgesprochen unzufrieden
Und sucht den Teufel zu bewegen,
Den Schmerz von neuem zu verlegen.
Daß man die gute Absicht sehe,
Schlüpft nun der Teufel in die Zehe.
Der Mensch, geschunden ungemindert,
Fühlt sich noch obendrein behindert,
Im Bette muß er liegen still
Und kann nicht hingehn, wo er will.
Jedoch nach den gehabten Proben
Läßt er den Schmerz geduldig toben –
Und das beruhigt ihn am ehsten:
Denn, wo's grad weh tut, tut's am wehsten!

Schnupfen

Beim Schnupfen ist die Frage bloß:
Wie kriege ich ihn – wieder los?
Verdächtig ist's: die Medizin
Sucht tausend Mittel gegen ihn,
Womit sie zugibt, zwar umwunden,
Daß sie nicht eines hat gefunden.
Doch Duden sei als Arzt gepriesen,
Der Nießen milderte zu Niesen.
Der bisher beste Heilversuch
Besteht aus einem saubern Tuch,
Zu wechseln un-ununterbrochen
Im Lauf von etwa zwei, drei Wochen.
Zu atemschöpferischer Pause
Bleibt man am besten still zu Hause,
Statt, wie so häufig, ungebeten
Mit bei Konzerten zu trompeten.
Rezept: Es hilft nichts bei Katarrhen
Als dies: geduldig auszuharren.
Der Doktor beut hier wenig Schutz –
Im besten Fall nießt er nur Nutz.

Neue Heilmethoden

Berühmt zu werden, liegt an dem:
Du mußt begründen ein System!
Such was Verrücktes und erkläre,
Daß alles Heil im Kuhmist wäre,
Dem, auf die Wunde warm gestrichen,
Noch jede Krankheit sei gewichen
Und den, nachweislich, die Azteken
Geführt in ihren Apotheken …
Hält man dich auch für einen Narren,
Du mußt nur eisern drauf beharren,
Dann fangen immer einige an,
Zu glauben, es sei doch was dran,
Und du gewinnst dir viele Jünger,
Die deine Losung: »Kraft durch Dünger!«
Streng wissenschaftlich unterbauen
Und weiterkünden, voll Vertrauen.

Wandlungen der Heilkunst

Es wechseln ärztliche Methoden
Beinah so wie die Damenmoden:
Klistieren, Schröpfen, Hygiene,
Schilddrüse, Blinddarm, Mandeln, Zähne –
Auf all das stürzt sich voller Kraft
Der Reihe nach die Wissenschaft.
Was gestern galt, das wird als Wahn
Gewiß schon heute abgetan.
Doch glücklich, wer, eh es zu spät,
Was morgen Mode wird, errät.
Nur ist vergeblich alle Müh,
Errät es einer – allzufrüh.

Vorurteil

Auch Medizin kann uns nicht frommen,
Voreingenommen eingenommen.

Dreckapotheke

Nimm Schadenfreude, völlig rein,
Vom Schweinehunde lös das Schwein,
Dann kommst du völlig auf den Hund;
Von diesem nimm ein Achtel Pfund,
Jedoch misch auch vom Schweinegrunzen
In deinen Heiltrunk sieben Unzen,
Vom Krokodil erpresse Tränen,
Misch sie mit ungelöschtem Sehnen,
Vergiß nicht etwas von der Spucke,
Mit der Geduld sich fängt die Mucke.
Nimm auch des Fuchses saure Traube,
Ein Lot vom Pyramidenstaube,
Vom Dreck, mit dem man dich bewarf,
Ein Quentchen nur, sonst wird's zu scharf.
Drei Skrupel von der Dummheit bloß,
Denn sie allein wär grenzenlos;
Den Angstschweiß eines Doktoranden
Meng mit dem Mief von alten Tanten.
Von Hexenkraut und Bibergeil
Und Rattenschwanz nimm je ein Teil –
Dann hast du aus dem Kern der Welt
Den besten Theriak hergestellt.
Wer sich denselben einverleibt,
Jenseits von Gut und Böse bleibt.

Hausapotheke

Krank ist im Haus fast immer wer –
Mitunter muß der Doktor her.
Der Doktor geht dann wieder fort,
Die Medizinen bleiben dort
Und werden, daß den Arzt man spare,
Nun aufgehoben viele Jahre.
Unordnung ist ein böses Laster:
In einem Wust von Mull und Pflaster,
Von Thermometern, Watte, Binden
Liegt, oft nur schwer herauszufinden,
Inmitten all der Tüten, Röhren,
Die eigentlich nicht hergehören,
Das, wie wir hoffen, richtige Mittel
Mit leider höchst verzwicktem Titel:
Was von den …in und …an und …ol
Tät unserem Wehweh wohl wohl?
Nur Mut! Was etwa gegen Husten
Im vorigen Jahr wir nehmen mußten,
Wir schlucken's heut bei Druck im Bauch –
Und – welch ein Wunder! – da hilft's auch!
Wenn überhaupt nur was geschieht,
Daß uns der Schmerz nicht wehrlos sieht –
Er wird nicht alles sich erlauben,
Stößt er auf unsern festen Glauben!
Von dem bewahrt euch drum ein Restchen
In eurem Apothekerkästchen!

Salben

Die beste Wirkungskraft verliert
Die Salbe, die zu dick geschmiert.
Auch Zuspruch, wenn er heilen soll,
Sei darum nicht zu salbungsvoll.

Geteiltes Leid

Ein Leiden ist schon halb geheilt,
Hat man es andern mitgeteilt:
»Und dieses Drücken, links im Bauch?« –
Der andre jubelt: »Hab ich auch!«
»Und oft im Kreuze so ein Stich?«
»Genau wie ich, genau wie ich!«
Wir sprechen bildlich: die zwei Därme
Gerührt sich fallen in die Ärme.
Im Fasching selbst und in Kostümen
Die Menschen sich der Leiden rühmen
Und steigern sich zu Ballgesprächen,
Daß sie sich manchmal stark erbrächen.
So leidgeteilt und lustgedoppelt
Hat sich schon manches Paar verkoppelt
Zu einer Ehe gut und still –
Denn Amors Pfeil trifft, wo er will.

Ein Versuch

So jemand leidet bittre Pein,
So flusse er sich selbst beein,
Versuche, wie uns Weise lehren,
Durch Willen Zahnweh abzuwehren.
Ob Wille siege oder Zahn,
Kommt mehr wohl auf den letztern an.

Behandlung

Wenn eine Krankheit selbst beherzten
Und klugen Feld-, Wald-, Wiesenärzten
Sich nicht ergibt, dann ist es rätlich,
Man komme ihr kapazi-tätlich.
Bleibt sie selbst dann, trotz hoher Kosten,
Noch unerschüttert auf dem Posten,
So läßt sich's leider nicht vertuschen:
Jetzt wird es Zeit, um Kur zu pfuschen.
Doch pfeift auch da die Krankheit drauf,
Dann lasse man ihr freien Lauf.
Vielleicht, sie geht, sobald sie sieht,
Daß gar nichts mehr für sie geschieht.

Zeit heilt

Zwei Grundrezepte kennt die Welt:
Zeit heilt und, zweitens, Zeit ist Geld.
Mit Zeit, zuvor in Geld verwandelt,
Ward mancher Fall schon gut behandelt.
Doch ist auch der nicht übel dran,
Der Geld in Zeit verwandeln kann
Und, nicht von Wirtschaftsnot bewegt,
Die Krankheit – und sich selber – pflegt.
Doch bringt's dem Leiden höchste Huld,
Verwandelst Zeit du in Geduld!

Ohne mich!

Du führst – gesund, schier neiderregend –
Den Hund spazieren in der Gegend
Und liest, am nächsten Straßeneck,
Ein Schild, daß zu der Heilkunst Zweck
Sich kürzlich nieder hat gelassen
Ein Arzt, vertretend alle Kassen.
Drei Häuser weiter – und schon wieder
Ließ praktisch sich ein Arzt hier nieder.
Du wanderst friedlich hundert Schritte:
Sieh an! Da ist ja schon der dritte!
Gleich nebenan schwingt ein Professer
Als vierter sein Chirurgenmesser.
Ein fünfter treibt's hals-nasen-öhrlich,
Und noch ein sechster Röntgen-röhrlich.
Ein siebter operiert nur plastisch,
Ein achter macht's mehr heilgymnastisch. –
Wobei wir *die* gar nicht erwähnen,
Die helfen möchten deinen Zähnen. –
Du gehst – wie schon bemerkt, gesund –
Nach Hause still mit deinem Hund
Und schließt, im Bett noch abends spät,
Sie alle in dein Nachtgebet:
Sie möchten – *dich* nur ausgenommen! –
Zu Patienten reichlich kommen.

Lob der Heilkunst

Zwar Handwerk oft und nur zum Teil Kunst
Ist doch das Wichtigste die Heilkunst.
Gäb sonst ein Künstler so bescheiden
Sich ab mit kleinen Erdenleiden?
Unsterblichkeit ist Künstlers Ziel –
Heilkünstler wollen nicht so viel:
Sie sind zufrieden, kommt's so weit,
Daß nachläßt nur die Sterblichkeit.
Die andern Künste sind im Grunde
Doch nur Genüsse für Gesunde:
Mitunter mehr als ein Gedicht
Den Kranken ein Rezept anspricht,
Und mehr als ein Gemäld ihm gilt
Ein wohlgetroffnes Krankheitsbild,
Weil ihm vor allem daran liegt,
Daß selbst er wieder Farbe kriegt.
Hörst du vor Schmerz die Engel singen,
Der Doktor zwingt ihn, abzuklingen.
So ist im Arzte Blüt und Kraft
Vereint von Kunst und Wissenschaft.

Chirurgie

Wenn wer (damit es sich nicht sträubt)
Sein Opfer erst einmal betäubt,
Sich Geld verschafft dann mit dem Messer,
So ist das sicher ein Professer,
Dem jedermann, der schwer erkrankt,
Für solche Tat noch herzlich dankt.
Die Operation gelingt
Dem Arzt von heute unbedingt.
Kommt gar der Patient davon,
Ist's für den Doktor schönster Lohn –
Weil beiden Freude dann gebracht
Der gute Schnitt, den er gemacht.

Vorschlag

Auch Röntgenbilder, schön geblitzt,
Kann, wer sie schwarz auf weiß besitzt,
Getrost und stolz nach Hause tragen.
Er zeigt den Seinen Herz und Magen,
Läßt Leute tun, die ihm fast fremd,
Die tiefsten Blicke unters Hemd,
Wo's jenseits weit von männlich-weiblich,
Ganz keusch wird, knie- und bänderscheiblich.
Schon hört den Wunsch man allenthalben
Nach Röntgenbild-Familienalben.

Der Wunderarzt

Ich bin weder Mediziner noch Kurpfuscher, ja, es wird wenig Menschen geben, die in der Heilkunst so unbewandert sind wie ich. Und doch habe ich einmal durch einen Zufall ein Leiden erkannt, um dessen Findung sich berühmte Ärzte seit geraumer Zeit vergebens bemüht hatten.

Ich fuhr, nach dem letzten Kriege, zu einer Tagung ins Rheinland; ich sollte bei reichen Leuten wohnen, die ich noch nicht kannte. Der Schnellzug war übervoll, aber ich hatte einen Sitzplatz ergattert. Keinen sehr angenehmen, denn er lag im Feuerbereich eines Gespräches, das zwei Krankenschwestern miteinander führten und dem ich als Zwangshörer entnahm, daß sie beide selbst aus einer Heilstätte kamen, wo sie von schweren Leiden genesen waren. Ich hatte die Landschaft betrachtet, ich nahm eine Zeitung zur Hand, aber gegen das durchdringende Geschwätz dieser ältlichen Frauen gab es keine Rettung; sie wetteiferten prahlerisch – und im Schweigen der andern Fahrgäste sich badend –, wer die Kränkere von ihnen gewesen sei.

Jetzt war die jüngere dran und ließ die andre nicht mehr zu Wort kommen. Entsetzliche Nervenschmerzen hatte sie gehabt, von den Fingerspitzen bis zu den Schultern, Kopfweh, Schwindelanfälle. Niemand hatte Rat gewußt. Von allen Ärzten ihrer Klinik war sie untersucht und behandelt worden, Chirurgen und Internisten hatten sich um sie bemüht, der Chef sagte, es wäre doch lächerlich, wenn man das nicht herausbringe.

Umständlich und mit der schönen Unbefangenheit der Leute vom Fach erzählte sie, wie sie geröntgt, wie alles geprüft worden sei – und endlich habe man es herausgebracht: Ein Typhusherd habe sich im Halswirbel festgesetzt gehabt ... Und mit vielen Ahs und Ohs und »Denken Sie nur!« und »Wer hätte das gedacht?« hatte sie schließlich ihre Geschichte zu Ende gebracht, und ich stieg aus; was der andern gefehlt hatte, erfuhr ich nicht mehr.

Ich kam in das Haus meines Gastgebers, wir setzten uns abends zu Tische, auch der Arzt der Familie war eingeladen. Die Hausfrau machte einen leidenden Eindruck und zog sich bald zurück; wir kamen auf ihr Leiden zu sprechen: Nervenschmerzen von den Fingerspitzen bis zu den Schultern, Kopfweh, Schwindelanfälle … Das hatte ich doch heute schon einmal gehört. Ich erzählte so beiläufig wie möglich, was ich mir noch gemerkt hatte: ein wunderlicher, ein seltner Fall!

»Daran haben wir auch schon gedacht«, sagte der Hausarzt, aber wie er's sagte, bewies mir, daß er noch nicht daran gedacht hatte. Nach Wochen hörte ich zu meiner Freude, man sei dem Übel auf die Spur gekommen, und die Kranke befinde sich auf dem Wege der Genesung …

Gehabte Schmerzen

Vier sitzen kreuzvergnügt beim Tee –
Dem fünften tut ein Stockzahn weh
Und er erlaubt sich ganz bescheiden,
Zu reden von dem bösen Leiden.
Doch öffnet er noch kaum die Lippe,
Spricht schon der erste von der Grippe,
Die jüngst ihn schauerlich gequält.
Der zweite von der Gicht erzählt,
An der ganz grausam er gelitten –
Was wiedrum Anlaß gibt dem dritten,
Gleich klar zu schildern seinerseits
Den – längst vergangnen – Nierenreiz.
Der vierte überspielt sie alle;
Er spricht von seinem seltnen Falle:
Als Kind – 's ist vierzig Jahre her –
Erkrankte er an Typhus schwer …
So drücken an die Wand sie glatt
Den, der die Schmerzen wirklich hat,
Um am Bewußtsein sich zu laben,
Noch ärgere gehabt zu haben.

Den Jahreswechsel kaum man spürt,
Bis er zu Wechseljahren führt

Vom Jungbleiben und Älterwerden

Weltlauf

Ein Mensch, erst zwanzig Jahre alt,
Beurteilt Greise ziemlich kalt
Und hält sie für verkalkte Deppen,
Die zwecklos sich durchs Dasein schleppen.
Der Mensch, der junge, wird nicht jünger:
Nun, was wuchs denn auf *seinem* Dünger?
Auch er sieht, daß trotz Sturm und Drang,
Was er erstrebt, zumeist mißlang,
Daß auf der Welt als Mensch und Christ
Zu leben, nicht ganz einfach ist,
Hingegen leicht, an Herrn mit Titeln
Und Würden schnöd herumzukritteln.
Der Mensch, nunmehr bedeutend älter,
Beurteilt jetzt die Jugend kälter,
Vergessend frühres Sich-Erdreisten:
»Die Rotzer sollen erst was leisten!«
Die neue Jugend wiedrum hält …
Genug – das ist der Lauf der Welt!

Wandlung

Ein Mensch führt, jung, sich auf wie toll:
Er sieht die Welt, wie sie sein soll.
Doch lernt auch er nach kurzer Frist,
Die Welt zu sehen, wie sie ist.
Als Greis er noch den Traum sich gönnt,
Die Welt zu sehn, wie sie sein könnt.

Verschieden lang erscheint ein Jahr
Dem Jüngling und dem Jubilar.

Große Erwartungen

Ein Mensch vom großen Cäsar hörte:
Der konnte, ohne daß ihn's störte,
Um weiter Zeit nicht zu verlieren,
Gleichzeitig schreiben und diktieren:
Triumph der Konzentration!
Viel weiter bringt's des Menschen Sohn,
Der unterm Essen Zeitung liest,
Derweil ein Bach durchs Radio fließt,
Und der, indes das Fernsehn flimmert,
An seinen Basteleien zimmert
Und obendrein von Gott und Welt
Mit einem Freund sich unterhält.
Ja, zwischendurch macht dieser Knabe
Sogar noch seine Hausaufgabe.
Der Mensch darf drum als Vater hoffen:
Wer jung schon Cäsarn übertroffen,
Wird, ein Genie ganz ohnegleichen,
Im Leben allerhand erreichen.

Melancholie

Mit nichts ist Schwermut so zu lindern,
Als wie mit einer Schar von Kindern:
Der Ärger, wenn sie tobt und schreit,
Läßt dir zum Trübsinn keine Zeit.
Du mußt, verstrickt in Seelenqualen,
Dem Stefan dringend gleich was malen:
Die Sonne, einen Baum, ein Haus,
Die Straßenbahn, den Nikolaus.
Der Thomas, deinen Schmerz zu stören,
Will unbedingt ein Märchen hören,
Und du erzählst vom Menschenfresser –
Und schau – schon geht's dir wieder besser!

Entwicklungen

Verschieden ist der Menschen Art:
Die einen, in der Jugend zart,
Sind oft im Laufe weniger Jahre
Schon zähe, morsche Exemplare.
Doch andre, ungenießbar jung,
Gewinnen durch die Lagerung
Und werden in des Lebens Kelter,
Wie Wein, je feuriger, je älter.

Das beste Alter

Das beste Alter für den Mann:
Wo er schon weiß, wo er noch kann!

Die guten Vierziger

Das Leben, meint ein holder Wahn,
Geht erst mit vierzig Jahren an.
Wir lassen uns auch leicht betören,
Von Meinungen, die wir gern hören,
Und halten, längst schon vierzigjährig,
Meist unsre Kräfte noch für bärig.
Was haben wir, gestehn wir's offen,
Von diesem Leben noch zu hoffen?
Ein Weilchen sind wir noch geschäftig
Und vorderhand auch steuerkräftig,
Doch spüren wir, wie nach und nach
Gemächlich kommt das Ungemach
Und wie Hormone und Arterien
Schön langsam gehen in die Ferien.
Man nennt uns rüstig, nennt uns wacker
Und denkt dabei: »Der alte Knacker!«
Wir stehn auf unsres Lebens Höhn,
Doch ist die Aussicht gar nicht schön,
Ganz abgesehn, daß auch zum Schluß –
Wer droben, wieder runter muß.
Wer es genau nimmt, kommt darauf:
Mit vierzig hört das Leben auf.

Lebenslauf

Die letzte Kinderkrankheit wich:
Die Altersleiden melden sich!

Die Spanne

Ein Mensch, bereits den Jahren nah,
Wo einer plötzlich nicht mehr da,
Sieht hart gestellt sich vor die Frage,
Ob sich, für seine letzten Tage,
Ein neuer Anzug wohl noch lohne,
Ob, wenn er ihn entsprechend schone,
Der alte nicht so lang noch reiche,
Bis er ihn nicht mehr braucht, als Leiche.
Er trägt nun wirklich auch den alten,
So lange nur die Fäden halten
Und bis die Ärmel durchgewetzt.
Und doch – es langt nicht bis zuletzt!
Da er, bei aller Schäbigkeit,
Die Spanne bis zur Ewigkeit
Zu überbrücken nicht vermag,
Kommt doch der unerwünschte Tag,
An dem der Mensch nun gehn muß, leider,
Den schweren Gang zu seinem Schneider.
Der Tod benimmt sich widerwärtig:
Er macht zur Stund den Menschen fertig,
In der der Schneider, froh beschwingt,
Ins Haus den neuen Anzug bringt.
Ohn ihn getragen je zu haben,
Wird jetzt der Mensch in ihm begraben.
Die Erben jammern, die's mißgönnen:
»So lang hätt er noch warten können!«

Erfahrung

Den Jahreswechsel kaum man spürt,
Bis er zu Wechseljahren führt.

Einschüchterung

Von Wechseljahren weiß der Kenner,
Daß sie gefährlich auch für Männer.
Schon naht – sonst abhold der Verrohung –
Der Fachmann mit massiver Drohung:
Sie haben Sand in den Gelenken!
Sie können nicht mehr richtig denken!
Sie haben Kribbeln in den Beinen!
Sie fangen grundlos an zu weinen!
Sie sind versucht, sich selbst zu töten,
Sie leiden unter Atemnöten,
Schweiß rinnt von Ihnen, ganze Bäche!
Sie fürchten sich vor Mannesschwäche!
Sie haben Angst vor Frauenzimmern!
Sie leiden unter Augenflimmern,
Schlaflosigkeit und Nervenzucken,
Fußkälte, Kopfweh, Schwindel, Jucken,
Ihr Herz beginnt zu klopfen, jagen,
Müd sind Sie, nieder-, abgeschlagen!!
Der Ärmste, der dies schaudernd liest,
Kriegt's mit der Angst und sagt: »Na, siehst!«
Und nimmt – das war der Warnung Willen –
Ab heut die guten Knoblauch-Pillen!

Für Kahlköpfe

Als sichres Mittel gegen Glatze
Ist folgendes Rezept am Platze:
Man laß, im Lauf der nächsten Jahre
Sich einfach wachsen graue Haare –
Wozu der Grund sich leicht ergibt –
Die färbe man nun, wie's beliebt.

Einbildung

Wir sehn mit Grausen ringsherum:
Die Leute werden alt und dumm.
Nur wir allein im weiten Kreise,
Wir bleiben jung und werden weise.

Gründliche Einsicht

Ein Mensch sah jedesmal noch klar:
Nichts ist geblieben so, wie's war. –
Woraus er ziemlich leicht ermißt:
Es bleibt auch nichts so, wie's grad ist.
Ja, heut schon denkt er, unbeirrt:
Nichts wird so bleiben, wie's sein wird.

Reue

Ein Mensch in Reuequalen schrie:
»Oh hätt ich nie, oh hätt ich nie!«
Dann wieder, und gar wilder noch:
»Oh hätt ich doch, oh hätt ich doch!«
Zu spät! Doch oft wie Scherben passen
Zusammen falsches Tun und Lassen!

Versäumte Gelegenheiten

Ein Mensch, der von der Welt bekäme,
Was er ersehnt – wenn er's nur nähme,
Bedenkt die Kosten und sagt nein.
Frau Welt packt also wieder ein.
Der Mensch – nie kriegt er's mehr so billig! –
Nachträglich wär er zahlungswillig.
Frau Welt, noch immer bei Humor,
Legt ihm sogleich was andres vor:
Der Preis ist freilich arg gestiegen;
Der Mensch besinnt sich und läßt's liegen.
Das alte Spiel von Wahl und Qual
Spielt er ein drittes, viertes Mal.
Dann endlich ist er alt und weise
Und böte gerne höchste Preise.
Jedoch, sein Anspruch ist vertan,
Frau Welt, sie bietet nichts mehr an
Und wenn, dann lauter dumme Sachen,
Die nur der Jugend Freude machen,
Wie Liebe und dergleichen Plunder,
Statt Seelenfrieden mit Burgunder …

Kindischer Greis

Ein reichlich bejahrter Kanzleirat
Entschloß sich noch endlich zur Heirat.
Heut fährt er schon
Mit dem kleinen Sohn
Um die Wette herum auf dem Dreirad.

Der Urgreis

Ein Mensch, als Greis, hat's manchmal leicht,
Wenn er die neunzig erst erreicht:
Gefragt, ob er in Rom gewesen,
Ob ganz er je Jean Paul gelesen,
Kann er Beschämung sich ersparen:
»Ah«, seufzt er, »so vor sechzig Jahren …«
Ja, dreist wagt er darauf zu pochen,
Daß er mit Bismarck noch gesprochen;
Gibt er sich nicht zu arge Blößen,
Prahlt leicht er mit verschollnen Größen,
Weil längst in kühler Erde schlafen
Die, die ihn Lügen könnten strafen.
Was? Lügen? Ist dies Wort erlaubt?
Er sagt doch nur, was selbst er glaubt.
Wir gönnen's ihm noch die paar Jährchen:
Ist er doch längst sein eignes Märchen!

Schwaches Gedächtnis

Ich weiß zwar nicht mehr, was ich las –
Doch von dem Dichter las ich was.

Vergeßlichkeit

Niemanden freut es, wenn er bemerken muß, daß ihn ein
sicher geglaubter alter Freund nicht mehr recht erkennt,
oder gar ihm offen erklärt, er wisse nicht recht, wo er ihn
hintun müsse.

Der Doktor Georg Hirth empfahl für solche Fälle, zur Ent-
schärfung aller Peinlichkeit, sich mit der Selbstanklage zu
verabschieden: »Drei Dinge kann ich mir gar nicht mehr
merken: keine Namen, keine Zahlen – und das dritte habe
ich jetzt auch vergessen!«

In heiterer Herzlichkeit ist, wenn auch nur bis zum näch-
stenmal, die Leitung wieder geflickt. Wehe aber, wenn die
Verkalkung wirklich zu weit fortgeschritten ist! Ein alter
Herr, willens, das probate Wundermittel anzuwenden, begann richtig mit treuherziger Pfiffigkeit: »Drei Sachen kann
ich mir gar nicht mehr merken: keine Namen, keine Zahlen ...«, aber kläglich schloß er, nach einer vermeintlichen
Kunstpause, »jetzt bringe ich den Witz auch nicht mehr
zusammen!«

Zu spät

Ein Mensch, daß er sie nicht vergesse,
Hat aufgeschrieben die Adresse
Auf eine alte Streichholzschachtel:
Da steht nun deutlich: Erna Spachtel,
Theresienstraße Numero sieben –
Doch, wozu hat er's aufgeschrieben?
Wer ist das Weib? Was sollte sein?
Er grübelt lang – nichts fällt ihm ein.
Dient sie verruchter Liebeslust?
Er ist sich keiner Schuld bewußt.
Ist heil- sie oder sternenkundig?
Schwarzhandelt sie am Ende pfundig?
Wenn schon nicht niedre Erdenwonne –
Verabreicht sie wohl Höhensonne?
Doch er kann bohren, wie er mag,
Er bringt es nicht mehr an den Tag.
Er wirft daher, weil ohne Zweck,
Die Schachtel samt Adresse weg.
Das hätt er besser nicht getan;
Er zieht sein frisches Nachthemd an
Und schon fällt's ein ihm mit Entsetzen,
Daß seine Wäsche ganz in Fetzen.
Nicht Wunschmaid oder Seherin –
Das Weib war einfach Näherin,
Und hätt ihm Hemden flicken sollen.
Zu spät – ihr Name bleibt verschollen.

Die Vergeßlichen

Ein Mensch, der sich von Gott und Welt
Mit einem andern unterhält,
Muß dabei leider rasch erlahmen:
Vergessen hat er alle Namen!
»Wer war's denn gleich, Sie wissen doch …
Der Dings, naja, wie hieß er noch,
Der damals, gegen Ostern ging's,
In Dings gewesen mit dem Dings?«
Der andre, um im Bild zu scheinen,
Spricht mild: »Ich weiß schon,
      wen Sie meinen!«
Jedoch, nach längerm hin und her,
Sehn beide ein, es geht nicht mehr.
Der Dings in Dingsda mit dem Dings
Zum Rätsel wird er bald der Sphinx
Und zwingt die zwei sonst gar nicht Dummen,
Beschämt und traurig zu verstummen.

Befreiung

Ein Mann las, obzwar mit Verdruß,
Das schlechteste Buch bis zum Schluß.
Als Greis sagt er heiter:
»Ich les nicht mehr weiter –
Wer sagt mir denn, daß ich muß?«

Am Tisch des Lebens

Ein Mensch tät sich noch gerne gütlich,
Doch wird's am Tische ungemütlich:
Auf seinen Eßplatz wartet schon
Die nächste Generation,
Mit großem Löffel, spitzer Gabel,
Das Messer wetzend wie den Schnabel.
Der Mensch, der – was noch unvergessen! –
Manch zähes Zeug hineingefressen
Und der es oft schon satt gehabt,
Hätt zwar grad jetzt sich gern gelabt,
Wo es vorübergehend besser –
Doch schaut er sich die neuen Esser
Nicht ohne tiefe Rührung an:
Er sieht den holden Jugendwahn,
Der zu verspeisen sich getraut,
Was er, als Greis, nicht mehr verdaut.
Freiwillig rückt er sich ins Eck
Und trinkt sein letztes Schöpplein weg.
»Denn«, sagt er sich, bescheiden-klug:
»Viel oder wenig war – genug!
Auch diesen wird nicht ungemischt
Des Lebens Freude aufgetischt.
Geb Gott nicht allzu grobe Brocken –
Laß munter sie beisammenhocken,
Bis auf den Platz die nächsten kommen,
Den ich auch – zeitweis – eingenommen.
Gespeist – gezahlt: nun bin ich quitt
Und wünsche Guten Appetit!«

Im Herbstgarten

September ist es, mild und spät.
Ein alter Mann im Garten geht.
Erinnerung, wohin er schaut:
Des Blumenjahrs verdorrend Kraut.
Der ersten Liebe Veilchenblühn –
Nun ist's ein wuchernd Schattengrün.
Wie sog er sich an Lüsten satt –
Maiglöcklein weist das welke Blatt.
Wie glühten Frauen, üppig, frisch –
Pfingstrose ist ein rauh Gebüsch.
Wie kämpfte er um Mannes Wert –
Die Lilie hebt ihr rostig Schwert.
Ihm wuchs die Tochter, starb der Sohn –
In schwarzen Samen quillt der Mohn.
Und köstlich war das Leben doch –
Die Rosen blühen immer noch.
Wie mild er jetzt den Tod begreift –
Der Herbst den Apfel golden reift.
Nichts ist zu früh, nichts ist zu spät –
Am Stabe erst der Wein gerät.

Bei Sonnenuntergang

Die Sonne schmilzt den Felsenrand.
Die Schwalben schwirren schwarz im Licht.
Gott geht in Wolken übers Land
Und hat das bärtige Gesicht,
Mit dem ich ihn als Kind gekannt.
Er zieht vorbei und sieht mich nicht.

Der Bau

Wir bauen schon an diesem Haus
Seit tausend, abertausend Tagen,
Und sehn es wachsen hoch hinaus
Und steigend in die Sonne ragen.
Verloren ging des Meisters Wort,
Und keiner ahnt: Wann wird es enden;
Wir aber bauen immerfort
Mit müdem Sinn und regen Händen.
Wir haben keine Zeit zu ruhn,
Als ob *wir* es vollenden müßten,
Wir unsre harte Arbeit tun
Und sterben hoch in den Gerüsten.
Kaum, daß von Sehnsucht jäh geschwächt,
Wir innehalten mit dem Fronen:
Wann kommt das selige Geschlecht,
Bereit zu ruhen und zu wohnen!?

Und doch, mag man ihn manchmal stoppen,
Läßt sich der Tod am End nicht foppen

Vom Leben und Sterben

Das Leben

Das Leben wäre doppelt schwer,
Käm's einfach nicht von selbst daher.
Eh wir recht ahnen, was es sei,
Geht es zum Glück auch selbst vorbei ...

Antike Weisheit

Im Altertum schon steht geschrieben,
Daß jung stirbt, wen die Götter lieben –
Womit sie nicht gleich jeden hassen,
Den sie noch länger leben lassen.

Zeitrechnung

Mit Weltgeschichte sind wir reichlich
Versorgt und darum gar nicht weichlich.
Wir durften, wenn auch unter Beben,
Schon manche *große* Zeit erleben.
Doch unsre Daten, ganz persönlich,
Die richten trotzdem wir gewöhnlich
Nach *kleinen* Zeiten, nach wie vor:
Damals, als Hans den Fuß erfror,
Als unser Bruder, Vater, Gatte
Die schwere Halsentzündung hatte,
Als – unvergeßlich bleibt der Tag! –
Der Fritz auf Tod und Leben lag;
Wir werden sagen: in dem Jahr,
In dem Marie den Max gebar,
Der Franz die Masern sich erworben,
Der Onkel Florian gestorben,
Die Olga operiert ward – kurz,
Nicht Weltkrieg und Regierungssturz,
Nicht Wirtschafts- und nicht Währungskrisen
Sind als kalenderfest erwiesen.
Auch künftig rechnen wir die Jahre
Nur von der Wiege bis zur Bahre.

Einsicht

Ein Mensch, der selbstverständlich hofft,
Das Glück käm einmal noch und oft,
Weiß nie – denn wer kann Zukunft lesen? –,
Ob's nicht zum letztenmal gewesen.
Wohl wird – was einzusehen peinlich
Verschiedenes recht unwahrscheinlich:
Sieh an: das letzte Weiberglück
Liegt dreißig Jahre schon zurück.
Auch vom Gesang ist nichts zu hoffen. –
Der Wein – die Frage bleibt noch offen,
Schon bei der nächsten der Visiten
Kann ihn der Doktor streng verbieten.
Der Mensch glaubt gerne, Rom, Athen
Könnt jeden Tag er wiedersehn.
Doch steht schon fest im Lebensbuch:
Rom – im Jahr fünfzig: Letztbesuch.
Wär's nicht gelacht, daß kleinste Dinge
Der Alltag freundlich wiederbringe?
Der Mensch – zum Glück bedenkt er's nicht –
Aß längst zuletzt sein Leibgericht.
Eh die Zigarrenkiste leer,
Ist er schon fort – und raucht nicht mehr.
Das Brünnlein noch ein Weilchen geht:
Der Haupthahn ist schon abgedreht.

Auf der Reise

Schon schlimm genug, wenn sich daheim
Entwickelt einer Krankheit Keim,
Wo du, um etwas auszubrüten,
Das eigne Bett nur brauchst zu hüten. –
Doch scheußlicher, wenn in der Fremden,
Wo du beschränkt an Geld und Hemden,
In, beispielsweise, Wolfenbüttel,
Dich jäh erfaßt ein Frostgeschüttel,
Wenn dir in Schneizelreuth, in Krün,
Wird gar der Lebensfaden dünn;
Vielleicht fällt's grad in Schwarzenstein
Der häßlichsten der Parzen ein,
Dir – gottlob ohne langes Leiden –
Besagten Faden abzuschneiden.
Vergebens du dem Schicksal grolltest,
Liegst du nun, wo du gar nicht wolltest,
Jetzt unterm Marmor oder Tuffstein
In Berchtesgaden oder Kufstein.
Darum, mein Lieber, überleg's
Und werde krank nicht unterwegs!

Klare Entscheidung

Ja, der Chirurg, der hat es fein:
Er macht dich auf und schaut hinein.
Er macht dich nachher wieder zu –
Auf jeden Fall hast du jetzt Ruh.
Wenn *mit* Erfolg, für längere Zeit,
Wenn *ohne* – für die Ewigkeit.

Patent

Der Kranke greift zur Medizin,
Froh überzeugt, sie heile ihn.
Doch ist sie leider, gleich der Nuß,
Gebannt in den Patentverschluß.
Der Ärmste plag sich, wie er mag:
Geheimnisvoll am lichten Tag
Läßt sich mit Hebeln nicht und Schrauben
Die Büchse ihren Inhalt rauben.
Hätt er die Medizin genommen,
Der Kranke wär davon gekommen.
Doch starb er noch in selber Nacht:
Er hat das Dings nicht aufgebracht.

I.G.-Farben

Mit Recht nennt, wer es nimmt genau,
Der Heilkunst Vorzeit trüb und grau:
Es gab noch keine I.G.-Farben,
Die Menschen wurden krank und starben.
Sie sterben heute noch mitunter,
Doch erstens später, zweitens bunter!

Aufschub

Der Tod hat es in unsern Tagen
Nicht mehr so leicht, er muß sich plagen!
Die Medizin, die meisterliche,
Kommt mehr und mehr ihm auf die Schliche.
Er kann, selbst wenn es Gott befohlen,
Uns nicht, so mir nichts, dir nichts, holen.
Der Mensch fuhr früher rasch dahin –
Jetzt bremst man mit Penicillin.
Und einer, der vor Gottes Stufen
Bereits so gut schien, wie gerufen:
Der Arzt, wer weiß, ob auch zum Glück,
Ruft in das Leben ihn zurück.
Und doch, mag man ihn manchmal stoppen,
Läßt sich der Tod am End nicht foppen;
Und mehr als einem tat's schon leid,
Daß er nicht ging – zur rechten Zeit.

Begräbnis

Ein Mensch, der, wie gelebt zu haben
Man wünscht, gelebt hat, wird begraben. –
Und zwar bei zwanzig Grad, im Jänner:
Der Frost steigt in die Knie der Männer.
Der Pfarrer sagt, ein schlichter Greis,
Was er seit gestern flüchtig weiß.
Die Männer wissen's lange schon –
Auch steht's in jedem Lexikon.
Ein alter Freund, ein beinah blinder,
Liest mühsam ab aus dem Zylinder
Samt den Verdiensten, den erworbnen,
Die nähern Daten des Verstorbnen.
Die Liebe höret nimmer auf –
Ein dritter gibt den Lebenslauf.
Ein völlig unbekannter Mann
Spricht lang, obwohl er es nicht kann.
Ihm folgt ein weiterer Wortewürger
Aus Tupfing, für den Ehrenbürger.
Ein Dichter, ohne Gnade, spricht
Ein lang nicht endendes Gedicht.
Noch länger spricht ein Mann, der klagt,
Vorredner hätten's schon gesagt.
Und viele stehn noch da mit Kränzen,
Bereit, rhetorisch hier zu glänzen.
Sein Leben lang geliebt, wird fast
Der Mensch im Grabe jetzt gehaßt.

Warnung

Manch einer, der so hingelebt,
Schreckt aus dem Schlummer auf und bebt:
Ihm ist, als hört er, voll Entsetzen,
Den grimmen Tod die Sense wetzen!
Schon zwickt's ihn hier, schon zwackt's ihn dort:
Er muß was tun – und zwar sofort!
Angstwinselnd er um Aufschub fleht,
Schwört, daß er gleich zum Doktor geht,
Daß er verzichtet, wenn's sein muß,
Auf Rauch- und Alkoholgenuß,
Ja, Sanatorien besucht,
Statt weiter schnöden Mammon rucht.
Doch andern Morgens, beim Erwachen,
Wagt er, sich selber auszulachen:
So, spricht er dreist, kann man sich täuschen:
Nichts mehr von Sensen-Wetz-Geräuschen!
Doch eines Tags ist's dann zu spät:
Der Tod hat lautlos ihn gemäht.

Heilschlaf

Die meisten Menschen harren still,
Was wohl das Leben weiter will.
Nur, wer nicht willens, abzuwarten,
Erwägt verschiedne Todesarten:
Doch laß er raten sich in Güte,
Daß er vor raschem Schritt sich hüte!
Zum Sterben braucht der Mensch nur wenig,
Zum Beispiel kaum ein Gramm Arsenik.
Jedoch, wenn dann der Grund nicht triftig,
Blieb das Arsenik trotzdem giftig.
Was nützt es, wenn er meint, ihn reut's,
Und hängt dann schon am Fensterkreuz?
Was, wenn er anders sich entschlossen
Und liegt schon da und ist erschossen?
Was, wenn er mitten im Ertrinken
Doch plötzlich säh noch Hoffnung winken?
Was, wenn er unterwegs zur Tiefe,
Den raschen Vorsatz widerriefe?
Rezept: Hat wer dergleichen vor,
Leg er sich nochmals erst aufs Ohr:
Es braucht nicht jeder Menschenkummer
Zur Heilung gleich den *ewigen* Schlummer.

Scheintod

Im Lauf der Zeit wird man oft mürbe,
So daß man gar nicht ungern stürbe
Und, ohne weitere Schicksalsschläge,
Nun mausetot im Sarge läge.
Doch ist das Nicht-Gefühl von Leichen
Im voraus niemals zu erreichen.
Nicht mausetot, nur mäuschenstill,
Lieg wer im Bett, so steif er will,
Such seinen Atem anzuhalten
Und alles Denken auszuschalten –
Es ist umsonst: denn er erkennt,
Wie streng sich Sein und Nichtsein trennt,
Weil man, um in des Tods Genuß
Zu kommen, wirklich sterben muß.
Und doch, in Zeiten, also trüben,
Sollt man das Tot-sein manchmal üben,
Und sich erfreun am Konjunktive,
Wie's wäre, wenn man ewig schliefe.
Denn, wer sich richtig totgestellt,
Lebt wieder freier auf der Welt.

Die Verzögerungstaktik

Ein Mensch voll Lebensüberdruß
Sagt zu sich selbst: »Jetzt mach ich Schluß!«
Jedoch er findet tausend Gründchen,
Zu warten noch ein Viertelstündchen.
Die Gründchen sammeln sich zum Grunde:
Er schiebt's hinaus noch eine Stunde.
Kann er noch sterben, wann er mag,
Hat's auch noch Zeit am nächsten Tag.
Zuletzt hat er sich fest versprochen,
Sich zu gedulden ein, zwei Wochen.
Und schau: Das Seelentief zog weiter –
Seit Jahren lebt er wieder, heiter …

Der Kirchhof

Den Umweg vom Sträßlein zur Straßen,
Den schneidet ein jeder ab:
Es führt eine schmale Gassen
Über den Kirchhof hinab.

Der rußschwarze Rauchfangkehrer
Geht hier und der mehlweiße Bäck,
Es spart sich der alte Lehrer
Und der junge Pfarrer das Eck.

Der alte Lehrer, der schneuzt sich
Umständlich ins rote Tuch,
Der junge Pfarrer bekreuzt sich
Und schaut in sein schwarzes Buch.

Die Hausfrauen, ohne Schaudern
Stehn schwatzend mitten im Tod;
Am Leichenstein ist gut plaudern
Vom Alltag und seiner Not.

Die fremden Herren und Damen,
Die Sommerfrischler am Ort,
Die lesen die spaßigen Namen
Und lächeln und gehen fort.

Nur nachts, im Mondlicht, im bleichen,
Huscht jeder ängstlich vorbei:
Ob nicht an der Kirchwand ein Zeichen
Für ihn schon geschrieben sei.

Der Stern

O nächtiger Gang nach solchem Glücke,
Die Stadt ist winterweiß und still.
Es rauscht der Fluß. Es tönt die Brücke.
Am Himmel springt ein Stern in Stücke:
Ein fremder Stern, der sterben will …

Wohl seh ich tausend andre stehen
Und leuchten wie noch nie so klar.
Und muß doch wie verzaubert gehen;
Denn einen hab ich fallen sehen
Und zittre, ob's nicht meiner war …

Ein Mensch, dem Großstadtlärm und -stank
Entflohn, setzt sich auf eine Bank

Von Stadt und Land

Stadt-Einsamkeit

Ein Mensch lebt stumm – daß ein Trappist
Dagegen noch ein Schwätzer ist –
Ganz einsam in der Riesenstadt,
In der er keinen Menschen hat.
Und das inmitten von Millionen,
Die neben-, unter-, überwohnen.
Vergebens sucht bei Hoch und Niedern
Der arme Mensch sich anzubiedern,
Doch keiner der An-sich-nur-Denker
Ist hilfsbereit als Wortverschenker.
Zuletzt spricht nachts ein Weib er an –
Von dem man *alles* haben kann.
Er bietet ihr die Sündengabe,
Nur, daß er eine Ansprach habe,
Ein Viertelstündchen als Begleiter –
Er wolle, fleht der Mensch, nichts weiter.
Doch die, mißachtend den Gewinst,
Entflieht voll Angst: »Ich glaub, du spinnst!«

Ein Ausweg

Ein Mann sucht wie irr einen Parkplatz;
Doch findet er nicht auch nur karg Platz.
Er ärgert sich tot –
So endet die Not:
Jetzt hat er zumindest im Sarg Platz.

Bescheidenes Glück

Der Großstadt-Mensch, wie er lahm schleicht,
Kaum lächelnd, weil nie sein Gram weicht.
Doch selig entrunzelt
Er sich und schmunzelt,
Wenn's knapp noch zur letzten Tram reicht.

Die Stubenfliege

Ein Mensch, von einem wilden Brummer
Gekitzelt aus dem Mittagsschlummer,
Kriegt auf das Mistvieh eine Wut –
Doch er bedenkt – der Mensch ist gut! –
Daß dieses Tier an sich nicht schuldig:
Und darum fängt er es geduldig,
Wie frech's auch zwischen seiner Nase
Hintaumelt und dem Fensterglase.
Den unerwünschten Zimmergast
Läßt er ins Freie, zärtlich fast
Und ist von Herzen überzeugt,
Daß Gott, der doch die Welt beäugt,
Für gute Tat ihm dankbar sei. –
Doch sieh! Ein Vogel schwirrt vorbei
Und hascht, ganz selbstverständlich-roh,
Den Brummer, der so lebensfroh.
Der Mensch erkennt, daß gute Taten
Durch Gottes Ratschluß oft mißraten.

Voreiliges Mitleid

Ein Mensch, dem Großstadtlärm und -stank
Entflohn, setzt sich auf eine Bank,
Wo, als auf einer Insel, grün,
Rings Bäume rauschen, Blumen blühn.
Ein andrer Mensch, erschöpft, verhetzt,
Hat sich daneben hingesetzt.
Wie gut wird es dem Ärmsten tun –
So denkt der Mensch – hier auszuruhn.
Gleich wird er jetzt die Augen schließen,
Das Glück der Stille zu genießen.
Doch der, mit dem er Mitleid hat,
Schlägt auf voll Gier das Abendblatt
Und liest, mißachtend die Natur,
»Im Mordfall Nuschke erste Spur!«

Vergebliche Bemühung

Ein Mensch, der aus der großen Stadt
Ins Grüne sich begeben hat,
Läs hier, allein auf weiter Flur,
Recht gern im Buche der Natur.
Doch bald betrübt er wieder geht:
Denn, ach, er ist Analphabet!

Hallo!

Ein Mensch geht fürbaß, wanderfroh ...
Da ruft es hinter ihm: Hallo!
Der Mensch, obwohl's ihn heimlich reißt,
Denkt stolz, daß er »Hallo« nicht heißt
Und hat drum, kalt und selbstbewußt,
Darauf zu achten, keine Lust.
Hallo! Hallo! Das laute Brüllen
Beginnt ihn jetzt mit Grimm zu füllen.
Von Anstand, denkt er, keine Spur
In Gottes herrlicher Natur!!
Er hört nicht mehr, in seinem Zorn,
Was hinter ihm hallot, verworrn ...
Jetzt, endlich, ist es ringsum still,
So daß der Mensch hier rasten will.
Doch sticht, der Leser wird es ahnen,
Ihn die aus besseren Romanen
Bekannte giftige Tarantel:
Er nimmt vom Rucksack seinen Mantel,
Und, was der Leser kommen sah,
Der Mantel, der ist nicht mehr da!
Der Mensch erkennt, daß ihm gegolten
Das Rufen, das er so gescholten:
Er rast zurück und schmettert roh
In Gottes Welt: Hallo, Hallo!

Der Waldgänger

Ein Mensch im Wald ging für sich hin
Und nichts zu suchen, war sein Sinn.
Doch welch ein Glück! Ein Steinpilz stand,
Ein Prachtstück, dicht am Wegesrand.
Der Mensch, nun schon voll Sucherdrang,
Trug ihn in Händen, stundenlang. –
Dann endlich sah er seufzend ein,
Wie wertlos solch ein Pilz allein.
Er warf ihn fort, ging unfroh weiter:
Da stand, nicht ganz so schön, ein zweiter.
Der Mensch, vom ersten Fall gewitzt,
Daß man mit *einem* – nichts besitzt,
Verzichtete und ließ ihn stehen,
Zumal's schon Zeit war, heimzugehen.
Doch tretend aus des Waldes Mitten,
Sah unverhofft er einen dritten:
Den pflückte er, mit wildem Eifer. –
Doch wie er auch, als Forstdurchstreifer,
Jetzt schwitzend durch das Dickicht hetzte,
Der dritte, kleinste, blieb der letzte.
Den hat er müde, in der Nacht,
Von seinem Waldgang heimgebracht.
Um die Moral nicht zu versäumen:
Glück in zu weiten Zwischenräumen –
Und schiene es auch einzeln groß –
Beunruhigt unsre Seele bloß …

Trautes Heim

Im Wald, ja da lieb ich das Reh –
Doch nicht überm Kanapee,
Wenn's kreuzgestickt
Mitleidig blickt
Auf der Hauswirtin schlechten Kaffee.

Nicht oft glückt's, daß man Hirsche seh;
Doch kennt (noch!) jedes Kind das Reh,
Das, Capreolus schon genannt,
Durch Kapriolen ist bekannt.
Fehlt es an Mut auch unserm Rehchen,
Anmutig ist's von Kopf bis Zehchen.
Wir, die im Zug vorrüberrasen,
Sehn eins am Waldrand friedlich grasen.
Wir schrein »Ein Reh!« und winken, deuten
Und zeigen's glücklich fremden Leuten:
Die werfen, um's zu überraschen,
Nach ihm mit leeren Seltersflaschen.

Zu spät

Ein Mensch zertritt die Schnecke, achtlos.
Die Schnecke ist dagegen machtlos.
Zu spät erst kann sie, im Zerknacken,
Den Menschen beim Gewissen packen.

Entdeckungen

Seit alters schon wird unentwegt
Auf Wunden heilend Kraut gelegt.
Jedoch die reine Wissenschaft
Glaubt nicht an solche Wunderkraft,
Eh sie erprobt ihr Medizinchen
Exakt an Mäusen und Kaninchen.
Dann wird, was längst schon kräuterweiblich,
Auf einmal wichtig unbeschreiblich
Und durch die Welt geht's mit Gebrüll:
Heilkraft entdeckt im Chlorophyll!

Waldfrieden

Einst war's nur für Hasen und Füchse
Im wildesten Waldesgewüchse
Der einsamste Platz.
Jetzt liegt dort Matratz,
Papier und Konservenbüchse.

Der Falter

Nacht stand bis ans Fenster dicht.
In den kleinen Kreis von Licht,
Den ich eng um mich gezogen,
Kam ein Falter wild geflogen.

Schwirrte poltertaumelig flatternd,
Rauschte im Papierschirm knatternd,
Schrecklich in sein Schicksal rennend,
Sich zerstürzend, sich verbrennend ...

Griff ich plump ihn, menschenhändig,
Schlug er, wie ein Herz lebendig,
Angstvoll in Verzweiflung wütend –
Hilflos war ich, ihn behütend.

Dreimal warf ich ihn im harten
Schwunge in den schwarzen Garten.
Doch er sah im Glanz sein Glück,
Dreimal schwirrte er zurück,

Bis er, tappend, blind durchs Zimmer
Torkelte, um still zu enden ...
Aber mir an meinen Händen
Blieb des feinsten Goldes Schimmer.

Erste Grille

Aus dem kahlen Winterloch
Eine schwarzgelbe Grille kroch,
Um den langentbehrten, süßen
Ersten Sonnenstrahl zu grüßen.
Noch
Ein bißchen stubenkrank,
Schwank
Und auf schwachen Füßen.

Aber doch
Frühlingsblank
Saß sie auf der Rasenbank,
Saß die kleine Grille
In der großen Stille
Unterm Märzenhimmel, der
Heut zum erstenmal sich schwer,
Sonntagsschwer,
An der brausend starken Luft betrank.

Kleiner Krieg

Am Straßenrand die Grille wohnt,
Die Schnecke still ihr Haus bestellt,
Und wenn sie Huf und Rad verschont,
Kein Mensch stört ihre kleine Welt.

Den Rain mit Klee und Löwenzahn,
Mit Wegewarten, staubig blau,
Den sehen sie als Heimat an
Und kennen Halm und Blatt genau.

Am Straßenrand der große Stein
War ihres Reiches fernste Mark.
Den warf ein Büblein nun feldein
Mit Kinderhänden, noch nicht stark.

Wie ist da ihre Welt verwirrt:
Die Schnecke schließt ihr festes Haus,
Der Käfertruppen Panzer klirrt
Und hundert Hummeln schwärmen aus.

Der Grillen kriegerische Schar
Mit schrillem Lärm die Schwerter schleift.
Das unterm Stein zu Hause war,
Das Emsenvolk, das Land durchstreift.

Doch eine Hummel fand zum Glück
Den Stein zur selben Stunde noch.
Gewachsen war das Reich ein Stück:
War's auch kein Krieg – ein Sieg war's doch!

Die Grillen zirpten sommerlang
Von jenem großen Schicksalsschlag.
Es ward ein rechter Heldensang –
Der lebt noch bis zum heutigen Tag.

Da hamms' ihr g'raten des Ravenna –
So was muaß doch der Mensch net kenna!

Vom Reisen und Daheimbleiben

Spießerei

So mancher reist nur zur Kontroll,
Ob auch die Welt erfüllt ihr Soll.
Er ist zufrieden, wenn es stimmt,
Wovon er den Bestand aufnimmt:
So hat zu lächeln Mona Lisa,
So schief zu stehn der Turm von Pisa,
Pflichtmäßig-überraschend klein
Hat der Laokoon zu sein.
Und, wie aus dem Gedächtnis-Silo
Genau, die Venus steht von Milo.
So blau hat man, laut Ansichtskarten,
Italiens Himmel zu erwarten;
Er sitzt in tredeci communi
Und siehe da: es schneit im Juni!
Was schreib ich, denkt er ganz entsetzt,
Nur heim vom sonnigen Süden jetzt?
Die Berner Alpen hat der Gast
Gefunden nach der Vorschrift – fast.
Er kommt nach Haus, ein strammer Melder:
»In Ordnung Hollands Tulpenfelder!«
Das »tote Brügge« mußt enttäuschen –
Lebendig war es von Geräuschen.
Daß nackt ins Meer die Schwedin steige –
Er sah's nicht; daher: Fehlanzeige!
Daß es hochnördlich meistens regnet,
Gottlob, es ist auch ihm begegnet.
Und freudig, obzwar ganz durchnäßt,
Stellt er, daß alles richtig, fest.

Haltung

Weh dem, der unterwegs geneppt,
Den Ärger ständig mit sich schleppt!
Was du bezahlt, verdau's auch seelisch,
Statt daß du's wiederkäust, krakeelisch.
Im Omnibus von Tegernsee
Dem schlechten, teueren Kaffee
Noch nachzuzählen seine Bohnen
Bis München, dürfte kaum sich lohnen;
Die schöne Strecke Innsbruck-Wörgel
Sich zu verderben durch Genörgel:
»Zwölf Schilling für *den* Schlangenfraß!«
Ist auf die Dauer auch kein Spaß.
Seht dort die Landschaft: wie im Märchen!
Drin – offenbar! – ein Liebespärchen.
Oh dürften wir den Worten lauschen,
Die diese zwei – vermutlich – tauschen!
Doch nein! der Mann verdrossen spricht:
»Gut war die Wurst in Garmisch nicht!«
Drauf sie, ins Farbenspiel versunken,
»Die hat ja beinah schon gestunken!«
Nun beide, dumpf ins Abendfeuer:
»Und dabei unverfroren teuer!«
Der Mann, bezwingend sich mit Mühe,
Stellt fest, wie schön es alpenglühe.
Doch sie, nicht zum Verzeihn noch willig:
»Hier kriegt man überhaupt nichts billig!«
An Wurstvergiftung geht zugrunde
Die große Sonnen-Abschieds-Stunde.

Der Bummelzug

Ein Mensch, wie aus dem Ei gepellt –
Man sieht sofort, ein Mann von Welt –,
Steht nun, seit fünf Minuten schon,
Auf einer kleinen Station,
Und denkt, voll Zorn bis in die Nas:
»Ha! Nur in Bayern gibt's so was!«
Jetzt endlich streckt, auf sein Geklopf,
Der Mann zum Schalter raus den Kopf.
»'s pressiert net!« sagt er zu dem Herrn.
»Der Zug? Nach sechse kommt er gern.«
Und rät ihm, menschlich, voll Vertrauen,
Derweil die Gegend anzuschauen.
Der Mensch, zur Wut selbst zu verdutzt,
Hat unversehns den Rat genutzt
Und sieht, als wär's zum erstenmal,
Im Abendglühen Berg und Tal;
Er sagt, vergessend seine Eile
Zum schönen Augenblick: »Verweile!«
Und schaut sogar der braven Kuh
Voll Andacht bei verschiednem zu …
Von fern Geschnauf und Ratter-Ton –
Der Mensch denkt ganz verzaubert: »Schon?«
Und nimmt kaum wahr, geschweige übel,
Die Trödelei der Millikübel.
Ein letzter Blick – ein Pfiff – und munter
Geht's weiter, wald- und nachthinunter.
Der Mensch, gezwungen so zum Feiern,
Träumt oft noch von dem Tag in Bayern.

Die Zugverspätung

Ein Mensch im Zug nach Frankfurt (Main) –
Um vierzehn-vier sollt er dort sein –
Wird schon in seinem Hoffen schwach:
Er ist noch nicht in Offenbach!
Verspätung – eine Viertelstunde!
Des Menschen Plan geht vor die Hunde!
Er kriegt den Anschluß nicht nach Wimpfen.
Gewaltig fängt er an zu schimpfen.
Ein andrer Mensch, zum Bahnhof laufend,
In Offenbach, zerschwitzt und schnaufend,
Verliert den letzten Hoffnungsschimmer:
Den Zug nach Frankfurt kriegt er nimmer!
Doch wie Musik tönt's an der Sperr:
»Heut ist's nicht eilig, lieber Herr!
Der Zug kommt heute später an!«
Der Mensch lobt laut die Eisenbahn.
»Des einen Eul«, gilt's wieder mal,
»Ist oft des andern Nachtigall!«

Ein Geheimnis

Unheimlich – doch wer merkt das schon? –
Ist oft des Reisens Präzision.
Genau, wie du's vorausgesehn,
Am dritten Mai, um sechs Uhr zehn
Steigst du, in München etwa, ein,
Um mitternachts in Rom zu sein.
Und so geht's weiter, Schlag auf Schlag,
Programmgemäß, von Tag zu Tag.
Du bist erstaunt, wie alles klappt,
Sobald du nur dein Geld berappt.
Auf keine Schwierigkeit du stößt:
Dein Reisescheck wird eingelöst,
In Ordnung ist dein Schiffsbillett,
Bereit das vorbestellte Bett,
Der Omnibus fährt pünktlich so,
Wie man's versprochen im Büro,
Und wer sich nicht grad saudumm stellt,
Kommt ohne Stocken durch die Welt.
Halt, halt! Nur nicht zu früh frohlocken:
Just in Trapani bleibst du hocken,
Doch eingeholt noch vom Geschick!
Schief geht – ab diesem Augenblick –
Jetzt alles, ebenso exakt …
Ein Dämon bracht dich aus dem Takt.
Vielleicht geschah's zu unserm Heil:
Denn just der zweite Reiseteil,
Den durchzustehn mitunter gräßlich,
Bleibt uns fürs Leben unvergeßlich!

Die Kunstreise

Ein Mensch von Bildungsdrang und Geist
Ist weit in eine Stadt gereist,
Um dort die für ihn äußerst wichtigen
Kunstschätze gründlich zu besichtigen.
Den Dom, den man bewundern müßte,
Verstellt ein mächtiges Gerüste,
Am Rathaus mauern sie und tünchen,
Der Holbein ist verliehn nach München,
Zwecks Renovierung ist entfernt
Der Pacher, baedeker-besternt.
Noch läßt sich auf Museen hoffen:
Nur mittwochs, drei bis vier Uhr offen!
Zutritt nur auf Bescheinigung!
Geschlossen wegen Reinigung!
Vorübergehend Neuaufstellung! –
Der Mensch, nun schon in Tobsuchtsquellung,
Vergebens plärrt, an Glocken zerrt –
Die ganze Kunst ist zugesperrt!!
Ha! Denkt der Mensch, mit Groll im Busen,
Es gibt ja auch noch andre Musen!
Doch leider, Polyhymnia
Ist grad in Ferien und nicht da.
Melpomene und Thalia heute
Nur spielen für Gefolgschaftsleute.
Terpsichore ist ausverkauft …
Der Mensch setzt stumm sich hin und sauft.

Der Reiseleiter

In stillem Beileid denken hier
Der armen, braven Menschen wir,
Die, des Kulturtransports Begleiter,
Verpflichtet sind als *Reiseleiter*.
Mit wahren Bären-Seelenkräften
Obliegen teils sie den Geschäften,
Teils stemmen sie, wie Schwergewichtler,
Die Zentnerlast der Kunstgeschichtler.
Sie dürfen noch nach tausend Fragen
Ein altes Fräulein nicht erschlagen,
Ja, selbst in Sturzseen von Beschwerden
Nicht einen Zollbreit wankend werden.
Sie müssen, Opfer des Berufs,
Das Nicht-mehr-Rauchen des Vesuvs,
Die Höh, den Umfang seines Kraters,
Das Alter unsres Heilgen Vaters,
Die nähern Daten Wilhelm Tells,
Ja, selbst den kleinsten Schweizer Fels
Erklären aus dem Handgelenke,
Entwirren Knäuel von Gezänke,
Und Antwort stehn dem Herrn, der immer –
Wieso?? – bekommt das schlechteste Zimmer!
Mitunter wechselt man sie aus:
Wer schadhaft, kommt ins Irrenhaus!

Glückssachen

Hier steht ein Wanderer und flucht:
Er hat's im »Roß«, im »Lamm« versucht,
Hat sich erkundigt, ob im »Bären«
Noch Zimmer zu vermieten wären,
Hat seine Koffer, schlecht und recht,
Geschleppt zum »Adler« und zum »Hecht«,
Ihm schwant's, daß man wohl auch im »Schwan«
Ihm kein Quartier mehr biete an.
Nun sehn wir den schon nicht mehr wirschen
Heran sich an den »Hirschen« pirschen –
Umsonst die Müh des armen Manns:
's war eine Ente mit der »Gans«!
Ein andrer Gast tritt vor der »Gemse«
Ganz selbstverständlich auf die Bremse
Und fragt, ob hier ein Zimmer frei,
Und man sagt freundlich: Ja, das sei!
Leicht hört man die Moral hier traben:
»Glück muß man auch auf Reisen haben!«

Nordsee

Der Fremdling kommt. Er ist gespannt.
Was sieht er? Sand und wieder Sand.
Der Kitsch der Welt begegnet ihm
Hier ausgesprochen maritim.
Ob rechter Weg, ob linker Weg,
Es ist der gleiche Klinkerweg.
Und hier soll er drei Wochen bleiben?
Wie soll er sich die Zeit vertreiben?
Soll er sich einen Strandkorb chartern?
Sich gar mit Burgenbauen martern?
Er fühlt sich über die erhaben,
Die eifervoll im Sande graben.
Am zweiten Tag, als Stundenschmelzer,
Holt er hervor den dicken Wälzer,
Doch schaut er, durch und durch versandet,
Bald nur noch, wie die Woge brandet.
Am dritten – wie ein Teufelchen
Gräbt selbst er mit dem Schäufelchen
Und hat am vierten sich, als Gast,
Schon ganz der Umwelt angepaßt.
Die Zeit, der Sand, die Welle rinnt:
Der Mensch wird unversehns zum Kind
Und heult auch wie ein Kind zum Schluß,
Unglücklich, weil's nach Hause muß.

Nur ein Vergleich

Ein Mensch hat irgendwann und wo,
Vielleicht im Lande Nirgendwo,
Vergnügt getrunken und geglaubt,
Der Wein sei überall erlaubt.
Doch hat vor des Gesetzes Wucht
Gerettet ihn nur rasche Flucht.
Nunmehr im Land Ixypsilon
Erzählt dem Gastfreund er davon:
Ei, lächelt der, was du nicht sagst?
Hier darfst du trinken, was du magst!
Der Mensch ist bald, vom Weine trunken,
An einem Baume hingesunken.
Wie? brüllte man, welch üble Streiche?
So schändest du die heilge Eiche?
Er ward, ob des Verbrechens Schwere,
Verdammt fürs Leben zur Galeere
Und kam, entflohn der harten Schule,
Erschöpft ins allerletzte Thule.
Ha! Lacht man dorten, das sind Träume!
Hier kümmert sich kein Mensch um Bäume.
Der Mensch, von Freiheit so begnadet,
Hat sich im nächsten Teich gebadet.
So, heißt's, wird Gastfreundschaft mißnutzt?
Du hast den Götterteich beschmutzt!
Der Mensch, der drum den Tod erlitten,
Sah: andre Länder, andre Sitten.

Ein Münchner in Italien

Ganz anders – und bedeutend schlichter
Als unser großer deutscher Dichter,
Erzählt von seiner Süden-Reis
Der Münchner Xaver Habergeis:
»An Viechszorn auf mi selber hab i:
Natürli, i muaß aa da abi!
Des hoaßt – i net! I kunnt mi halten.
Es war bloß wegen meiner Alten.
Die hört net auf mit dem Gebenz,
Sie muaß nach Rom und nach Florenz!
Warum? Bloß weil sie si' so gift',
Wenn's ihre g'schupftn Henna trifft,
Die fanga glei mit dem Geschwärm o'
›Wir waren heuer in Palermo!‹
D' ganz Welt ist ja jetzt narrisch wor'n:
Da sag'n s', es langt net hint und vorn
Und fahrn, oft glei samt de Familien
Per Schub, wenn's sei muß, bis Sizilien.
I hätt's aa billig hab'n könna –
Naa, sag i, wenn ma's uns scho gönna,
Na mach'n ma's richti, des is klar:
Entweder spar i, oder fahr!
Und *wenn* i fahr, na net wie's Viech,
Daß i auf'n Transport nix siech
Und passen muaß auf die Hanswurschten,
Die lasserten oan glatt verdurschten,
Weil's ein' wie Gfangene begleiten
Zu ihre Sehenswürdigkeiten …
's is mühsam gnua – i will mi schona. –
Sie hat glei fahrn wolln bis Verona
Und hat mir hing'macht so a Fotzn,
Wie i hab g'sagt, mir bleib'n in Bozen,

Da is's no deutsch, bei die Tiroler,
Für'n Anfang waar mir da viel wohler,
Na hanteln mir uns weiter nachher
Schön langsam zu die Katzlmacher!«
Sie sagt: I laß mi na dablecken
Du bleiberst scho in Bozen stecken
Und i hätt mein Italien gsehgn.
No sag i, also meinetwegn!

So um a viere war'n ma dort.
Verstanden hamma net a Wort.
Wie des no wird, war i im Zweifel.
Sie is glei wie a Schachterlteifel
Losgfahrn und umanandag'wetzt –
I hab mi ins Kaffeehaus g'setzt.
›No, den Can grande und d'Arena‹
Sagt's, ›hättst dir schließli anschaugn kenna!‹
›Geh‹, sag i, ›mach koa solches G'schroa
Du, moan i, schaugst ja so für zwoa!‹

Na san mir nach Venedig g'fahrn,
Des kenn i scho von frühern Jahrn.
Des is aa mehr für junge Leut,
Wo's Umeinanderlaufen g'freut
Und 's Schifferlfahrn und 's Täuberlfüttern. –
Jetzt kann's mi nimma so erschüttern.
Die Gondoliere hamm uns g'schlenkt:
Z'erst tun's, als kriagast's halbert g'schenkt,
Bis daß s' di drin habn in dem Schlag.
Na fahrns' di rum an halben Tag
Wo d' gar net hinwillst, nach Murano
Und dappert zahln derfst di na' aa no!

226

Zum Glück hab i – wer derf des hoffn? –
Du kennst'n schon, an Pauli troffn.
Der war aa drunten mit der sein'.
Jetzt warn mir fast schon a Verein.
Du! sagt er, is's dir aa so fad?
Geh, sag i zu ihm, sei do' stad'
Des muß ma tragen halt geduldig,
Des samma unsrer Bildung schuldig!
Na hamma glei – ah, i hab g'flucht –
Den Dings, den Colleoni, g'sucht
Zwoa Stunden fast bei dera Hitz'n,
Und richti sehgn ma'n drob'n sitzen,
Den Mordstrum Lackl auf sein Roß.
Er ist recht schön – do' sag i bloß,
Der Churfürst Max, bei *uns*, der erscht,
Des is fei aa a schöner Ferscht!
So san mir, mir verruckten Hund:
Den suachet neamd – koa Viertelstund!

Am Lido, ja, da hätt's uns paßt,
Da siecht man Madln, nackert fast,
Doch des hat net lang dauert, leider,
Hat *sie* schon g'mammst: Geh, fahrn ma weiter!
Da hamms' ihr g'raten des Ravenna –
So was muaß doch der Mensch net kenna!
A solchene Basilika
Wie dort hamm mir in München aa!
Und die Moskito, laß dir sagen,
I hab's glei dutzendweis derschlagen –
Und heut no juckt's mi überall. –
Florenz, des war schon mehr mei Fall!
Da hamm's, auf des hätt ich net denkt,
A Münchner Bier vom Faß ausg'schenkt.
Anstrengend is's sonst freili g'wesen:

Sie hat all's aus ihr'm Büchl g'lesen,
Auslassen hat's partout nix woll'n
Und i hätt allweil mitgehn solln.
A jede Mauer hätt's mir 'zeigt. –
Bei de Uffizien hab i g'streikt.
Naa, sag i, des kannst net verlangen!
I bin in d' Pinakothek net gangen,
Wie's gstanden is' vor meiner Nasen,
Und *da* sollt i jetzt Bilder grasen?

Mei, *die* hat's umanandertriebn!
Auf d' Nacht hat's Ansichtskarten g'schriebn,
Glei ganze Pack, daß d' Leut erfahrn,
Daß mir aa in Italien warn.
Nach Rom hat's müssen, selbstverständlich.
I hab no' oamal nachgeb'n endlich,
Und, Ehr sag i, wem Ehr gebührt:
Rom is a Stadt, wo si was rührt.
Bloß, mit'n Essen, da war's aus.
All's braten's in Salatöl raus,
Gmüs könnens' überhaupt keins kochen
Da wirst fei g'mütskrank, nach drei Wochen!
Und für die nächsten zehn Jahr hätt i
Jetzt wieder gnua von de Spaghetti.
Bist in der fremden Sprach net g'wandt,
Hockst scho so hilflos umanand.
Und mit de Lire mußt fei nachher
Aufpassen wie a Haftelmacher.
Schnell hamms' an Haufen Schein hingschmissen
Und bis di umschaugst, bist scho b'schissen!
Natürli bist da du der Dümmer' –
Deutsch können's plötzli' alle nimmer!

No, kurz und gut – jetzt hab i's satt,
Sag i zu ihr, dei' ewige Stadt.
An Papst derfst anschaun no', mein'twegn,
Na hau i ab, des wirst jetzt sehgn!
Sie hat sich noch verlegt aufs Betteln,
Doch i hab b'sorgt glei' die Billettln,
Hoam hat's mi so gewaltig zog'n,
Daß i's riskiert hab: mir san g'flogen!
Sündteuer war's – i will nix sag'n,
Denn i hab's wenigstens vertragn,
Mit Hilf von viele Kognakschluckerl.
Gsehgn hab i net viel aus mei'm Guckerl.
Bei meiner Frau war's Geld verlor'n,
Denn der is glei speiübel wor'n.
No, überstanden hat sie's ja –
Und jetzt: jetzt samma wieder da!«

Für Wankelmütige

Die besten Reisen, das steht fest,
Sind die oft, die man unterläßt! –
Nur, daß man *rasch* entscheiden muß,
Damit man nicht lang leiden muß,
An Reisefieber, Tag und Nacht,
Um Reisen, die man gar nicht macht!

Ein Mensch erspäht zu seinem Glücke
Im Jahresablauf eine Lücke

Von Arbeit, Freizeit, Feiertagen

Empfindlich

Ein Mensch möcht, wie heut alle Welt,
Verdienen möglichst leicht sein Geld.
Doch wird er wild, bezweifelt's wer,
Daß er's verdien besonders schwer.

Manager

Ein Mensch wird alle Tage kränker:
Nur noch Betriebs- und Wagenlenker,
Lebt er dahin, teils seelenhastig,
Teils leibträg, ohne Heilgymnastik.
Was hat er Wichtigs zu erledigen!
Vergebens Frau und Freunde predigen,
Daß er auf die Gesundheit seh
Und, wenn schon nicht in Urlaub geh,
Ein bißchen laufe, schwimme, turne –
Zu spät: der Rest kommt in die Urne;
Der Schlag, just vor der Unterschrift
Des letzten Briefs, den Menschen trifft.
Die Sekretärin, noch hienieden,
Schreibt drunter: Nach Diktat verschieden.

Allzu eifrig

Ein Mensch sagt – und ist stolz darauf –
Er geh in seinen Pflichten auf.
Bald aber, nicht mehr ganz so munter,
Geht er in seinen Pflichten unter.

Selbstloser Rat

Ein Mensch, ganz scheußlich abgehetzt,
Schwört, in den Urlaub fahr er jetzt –
Wozu auch jeder Kunde rät:
Vielleicht schon morgen sei's zu spät.
Sofort – schließt jeder seine Predigt –
Wenn *meine* Sache Sie erledigt,
Dann müssen Sie, mag's schlecht auch passen,
Entschlossen alles liegen lassen!

Vor der Reise

Wächst dir die Frau zum Hals heraus,
Hältst du die Kinder nicht mehr aus,
Macht dich der Chef – und, bist du's selber,
Der Stift – vor Ärger täglich gelber,
Wird dir der Stammtisch, treu und bieder,
Ganz plötzlich, Kopf an Kopf, zuwider,
Kannst du dein Zimmer nicht mehr sehn –
Wird's Zeit, zum in den Urlaub gehn.
Du freilich, voll Verblendung, klammerst
An deinen Alltag dich und jammerst;
Ausreden hast du eine Masse,
Daß es gerade jetzt nicht passe.
Dir wird mit jedem Tage mehr
Das Herz vor Reise-Unlust schwer.
Noch nicht ganz fort – nicht ganz mehr hier:
Qualvolle Spannung zerrt an dir.
Der Zug fährt ab – und wie vom Beil
Getroffen, reißt das zähe Seil
Und jäh von Reiselust geschwellt,
Braust froh und frei du in die Welt.

Zwischenfall

Ein Mensch erspäht zu seinem Glücke
Im Jahresablauf eine Lücke,
In die er, hart terminbedrängt,
Kühn vierzehn Tage Urlaub zwängt.
Und er bestellt, zum festen Preise,
Sich fix und fertig eine Reise.
Nun heißt es schuften, überlegen,
Heißt es, bestricken den Kollegen,
Daß er den Rest noch übernimmt.
Und endlich ist's soweit: es stimmt!
Ganz abgekämpft von all der Müh,
Denkt stolz der Mensch: »Bis morgen früh!«
Der Jahre lang nicht weh getan,
Jetzt rührt er sich, der Backenzahn!
Und er tut weh und immer weher:
Der Mensch, ein düstrer Zukunftsseher,
Sieht sich, die Backe hochgeschwollen,
Durchs zahnarztarme Spanien rollen,
Hofft wieder mutig, früh um viere,
Daß doch noch sich der Schmerz verliere,
Und weiß, im Wechsel der Entschlüsse,
Um sechs, daß er zum Doktor müsse.
Der Omnibus fährt ab um sieben:
Ein Platz ist darin leer geblieben.

Die Freizeit macht die Massen frei –
Für Fußball, Fernsehn, Fresserei.

Freizeitgestaltung

Die Frei*heit* – da ist keine Not:
Wohin man schaut, schlägt sie wer tot.
Doch, wie die Frei*zeit* totzuschlagen,
Muß man den Leuten eigens sagen.

»Hobby«

Zum Steckenpferd ich heiter rat
Und wünsch, daß Glück der Reiter hat.
Der eine hören nur vom Sport will,
Der andre liebt ein nettes Wortspiel.
Ein dritter schätzt der Karten Gunst,
Ein vierter schwärmt für Gartenkunst.
Ein fünfter sich mit starkem Rauch beizt,
Den sechsten nur, zu fülln den Bauch, reizt.
Ein siebter, – daß ich kostbar spaße –
Trägt all sein Geld zur Postsparkasse.
Der achte, Wein, Weib und Gesang liebt,
Der neunte Marken nächtelang siebt.
Der zehnte jagen, fischen will,
Der elft schaut Telewischn viel.
Der zwölft, als Leser, mir als Held gelt,
Der mehr vom Geiste als vom Geld hält!

Guter Wille

Gern – etwa im Familienbad –
Sehn wir die turnerische Tat!
Erfreulich sind die jungen Mädchen,
Die munter schlagen ihre Rädchen,
Und die mit Kerzen oder Brücken
Von ganzem Herzen uns entzücken.
Wir freun uns auch des jungen Manns,
Der eitel prahlt: Schaut her, ich kann's!
Doch wahrhaft rührend und begeisternd
Wirkt erst ein Greis, den Leib bemeisternd:
Ein dürrer, daß er sich verjünge,
Macht, wie ein Känguruh, drei Sprünge
Und ist gewiß, daß nun für Wochen
Geschmeidig wieder seine Knochen.
Ein Fettwanst, der die Kniee beugt,
Ist nun von Grund aus überzeugt,
Er dürft nun lang, bei Bier und Braten,
Ausruhn von solchen Heldentaten.
Wie aber muß uns erst erschüttern
Der Drang von Groß- und Schwiegermüttern,
Durch Seehund-gleiches Leibeswälzen
Zu Jugendschlankheit hinzuschmelzen!
Wer dies belächeln wollt, der wisse:
In magnis sat est, voluisse!

Sportfischer

Nur in ganz seltnem Fall erwischt
Ein Mann was, der auf Waller fischt.
Auf Huchen spinnen ist am Inn trist,
Grad wenn man weiß, daß einer drin ist.
Du glaubst, nach heftigem Gefecht hast
Gefangen du den Riesen-Hecht – fast!
Doch der, mit frechem Linsen, bockt:
Der Fluchtweg in die Binsen lockt.
Er wünscht noch, vorderhand zu leben
Und ist nur schwer an Land zu heben. –
Vielleicht gelingt dir an der Mangfall
Der hochgerühmten Äschen Fang mal.
Doch narrn ein Tag, ein öder, kann:
Sie schnuppern kaum den Köder an.
Wenn die Forell die Fliege sieht,
Sie knapp vor deinem Siege flieht.
Zum Weiher sich der Laie schleicht
Und meint, er kriegt die Schleie leicht.
Kurzum, fischt mit der Angel man,
Trifft häufig man nur Mangel an.
's wird »Petri Heil!« ein Spaßerwort –
Trotzdem, es leb der Wassersport!

Wir wolln vielleicht als Basken mal,
Als Schotten, auf den Maskenball.
Drum solln wir Basken-, Schottenmützen
Jahrüber gut vor Motten schützen!

Was wir von dieser Oster-Feier erben?
Das Übermaß von Mutters Eierfärben;
Ihr Eifer drohte zu entarten heuer:
Wir essen immer noch die harten Eier!

Vor Ostern

Wie der Märzwind stößt und stürmelt;
Dort, die graue Wolkenherde
Übern Himmel hergeblasen,
Stupft, mit weichen, nassen Nasen
An die Erde; so, als möchten
Junge Pferde hier schon grasen.

Unterm Rasen wühlt's und würmelt.
Weidenruten wehen gelber,
Wie wenn sie sich Zöpfe flöchten.
Menschen gehen auf den Straßen,
Reden seltsam mit sich selber,
Rührn die Hände, wild bewegt,
Wie wenn mit dem Wind sie föchten.

Und dein Kind jagt aufgeregt
Nach dem ersten Osterhasen.

Das Weihnachtslied

»Jason, ich weiß ein Lied!« Lang ist's her, aber unvergessen, daß ich die berühmte – war's nicht Agnes Straub? – Medea so sagen hörte. Und dann wußte sie's nicht mehr.

Nicht so düster, nein, nicht so schwarz – blondlockig und blauäugig kommt Thomas angetappt, stolz und glücklich: »Papi, ich weiß ein Lied!« Und hinter ihm steht, erwartungsvoll, Grete, die Magd, die's ihm eingelernt hat.

Thomas öffnet den Mund, aber es kommt nichts heraus. Er schaut mich groß an, immer größer, dann kugeln die ersten Tränen aus den Augen. Und jetzt stürzt er fort und verbirgt sich hinter der Grete.

Die Grete gibt's noch nicht auf und fängt selber an: »Schnipp, schnipp, wenn die Engelein schneidern, dann fallen die Flocken zur Welt …«, aber für heute ist nichts mehr zu wollen. »Bis Weihnachten«, tröste ich ihn, »ist ja noch Zeit, dann singst du es uns unterm Christbaum vor.«

In den nächsten vierzehn Tagen schneidern die Engelein ununterbrochen, die Flocken fallen zur Welt, aber leider nur im Lied, denn es sind wieder einmal grasgrüne Weihnachten. Und jetzt steht der Thomas im Lichterglanz, fromm und heilig entschlossen, uns durch seinen holden Gesang zu erfreuen.

Wir lauschen, wir lauschen immer noch – nichts. Aber plötzlich tönt es hell und fein: »Alle meine Entlein schwimmen auf dem See – Köpfchen unterm Wasser, Schwänzchen in die Höh!«

Sofort spürt er selbst, daß er sich da in seiner Liedauswahl vergriffen hat. Aber strahlend schaut er uns an und kein Engel könnte reiner frohlocken: »Da freut sich aber das liebe Christkind besonders!«

Ein Gleichnis

Ein Mensch beäugt im halben Traum
Die Lichter still am Weihnachtsbaum.
Und Wehmut schleicht sich ihm ins Herze,
Wie Kerze niederbrennt um Kerze.
Oft sind es grad die starken, stolzen,
Die unverhofft hinweggeschmolzen.
Zuletzt sind sechse oder sieben
Als arme Stümpflein übrig blieben.
Der Mensch, nicht aberglaubenfrei,
Sucht eins, daß es das seine sei.
Hoch oben flackert eins und lischt,
Tief unten raucht eins und verzischt.
Ein drittes blau nach Luft noch schnappt –
Schon ist sein Wachs davongeschwappt.
Doch seines, wie's auch knisternd keucht,
Erhebt sich neu zu Goldgeleucht.
Die Schatten werden riesengroß –
Das eine – seine – hält sich bloß.
Ein letztes Tasten noch des Lichts –
Dann kommt das ungeheure Nichts.
Der Mensch entreißt sich seinem Wahn –
Und knipst die Deckenlampe an …

Das Weihnachtsbild

Der altertümliche Herr, der dort kerzengerade, aber doch ein wenig wackelig, durch den nassen Dezembersturm geht, ist der Hofrat Farny. Kein Mensch weiß, warum er Hofrat ist, was er alles getrieben hat in seinem langen Leben, ob er Arzt war oder Gelehrter, Beamter vielleicht im alten Österreich; kein Mensch weiß auch, wovon er lebt, wovon er gelebt hat in all den Jahren, seit er hier aufgetaucht ist, in der mäßig großen fränkischen Stadt, in der er jetzt durch den nassen Schnee wandert, in einem schier dürftigen Winterrock, der windflatternd um seine Knie schlägt, den bartlosen Geierkopf unterm breiten Hut vorgestreckt, ohne Blinzeln in das Gestöber hineinblickend, ein verwetztes leeres Mäppchen unter den Arm geklemmt. Ja, das Mäppchen ist noch leer, er kann es gleichgültig halten, so oder so, es schadet nicht viel, ob es feucht wird, ob es der Wind aufblättert. Wenn er aber Glück hat, wird er es behutsam nach Hause tragen, mit köstlichen Erwerbungen gefüllt, alten Stichen und Steinzeichnungen, Pergamentmalereien oder Aquarellen, wie er sie, vielleicht, finden würde in den Läden und Gewölben der vier, fünf Trödler und Antiquare, die es hier gab. Er war ein Sammler, ein Liebhaber, ja; und wie ein Liebhaber zog er jetzt aus, das Abenteuer zu suchen. Feurige Gedanken und kühne Hoffnungen bewegten sein Herz; es konnte ihm gelingen, den großen Fang zu tun, den unwahrscheinlichen Schatz zu heben. Und wie ein Freier davon träumt, der Braut zu begegnen, sie zu gewinnen, sie heimzuführen, wie er davon schwärmt, des herrlichen, nicht mehr bestrittenen Besitzes sich zu freuen, so gedachte der alte Hofrat, die noch leere Mappe durch den Winternachmittag tragend, in ahnender Lust der wunderbaren Stunde, da er seine Eroberungen daheim, unterm Lampenlicht auf den Tisch breiten würde, nicht heute, nein, da wird er sich bezwingen; aber morgen

Abend, am 24. Dezember, da wollte er es tun. Zwei Pakete, von auswärtigen Händlern, Ansichtssendungen, hatte er schon zu Hause liegen; hatte sie nicht aufgemacht, wie sehr ihn danach verlangte. Dies sollte sein Weihnachten werden; seine Christbescherung. Mochten andere sich ein Bäumchen putzen, sich mit Geschenken überraschen – das lag weit hinter ihm. Zwei Frauen hatte er begraben, der einzige Sohn war ihm gefallen. Seitdem gehörte seine Liebe den kleinen Dingen am Rande der großen Kunst. Und wenn der Hofrat heute auszog, einen Fund zu tun, sein Weihnachtsgeschenk zu holen, dann dachte er nicht an meisterliche Kostbarkeiten; so unbescheiden kam er dem Schicksal nicht. Aber warum sollte er nicht das eine oder andere Blättchen finden, das wie für ihn bestimmt schien, das wie eine Sprosse war für die Leiter seiner eigenwillig ausgerichteten Sammlung, wohlfeil und doch nicht für alles Geld der Welt aufzutreiben, wenn es einem nicht der holde Zufall in den Weg warf. Und dieser Zufall, dieses Glück mußte heute mächtig sein. Der alte Mann witterte es. Mit dem gespannten Ausdruck eines Jägers klinkte er die Türe des ersten Ladens auf, den er bei seinem Pirschgang besuchen wollte. Den ergiebigsten Platz freilich, wo er sich wirklich Beute erhoffen durfte, sparte er sich bis zum Schluß auf: die Höllriegelsche Kunsthandlung an der Korbiniansbrükke.

Auf der Korbiniansbrücke stand in der derselben Stunde ein anderer Herr müßig im leiser werdenden Schneetreiben, ein jüngerer Mann, gemessen am alten Hofrat, wohlvergraben im weichen Flauschmantel, mit festen Schuhen unbekümmert in der Nässe und schaute ins trübe Wasser hinab oder in die schon dämmernden Straßen hinein, bis zur Kirche, deren Turm im Dunst verschwand. Er hatte Zeit dazu herumzustehen, er hatte mehr Zeit an diesem Nachmittag, als ihm lieb war. Weiß Gott, er war sonst ein eiliger Mann, in Hamburg, wo er daheim war, ein vielbeschäftigter, ein Architekt, Hansen hieß er und Zeit war Geld für ihn. Aber heute und hier, was sollte er treiben, den ganzen Nachmittag, in einer mittelgroßen, fremden Stadt. Er war mittags gekommen, eine wichtige Besprechung mit den Behörden war auf morgen früh verlegt worden, eine dumme Geschichte, er mußte den Mittagszug noch erreichen, wenn er am Christabend, spät genug, noch daheim sein wollte.

Und was er morgen an Zeit zu wenig haben würde, das hatte er heute zu viel, er stand herum, zum Wein konnte er doch nicht gehen, was sollte er sonst den Abend tun, den ganzen Abend, der war noch lang genug zum Trinken und zum Sinnieren. Gewiß, hinterher, wenn er wieder im Zug saß, würde es ihm einfallen, daß er den und jenen Bekannten hier hatte, aber jetzt fiel ihm keiner ein. Er ging ein paar Schritte weiter, er sah gleichmütig in die Auslagen voller passender Festgeschenke, für wen wohl passend, lächelte er, für ihn gewiß nicht. Er sah auch in die Fenster der Höllriegelschen Kunsthandlung, im halben Licht bot sich ihm ein Wust von Büchern und Trödel, von Möbeln, Teppichen, Bildern, Waffen und altem Kunstgewerbe. Und mit einmal lagen die nächsten Stunden freundlicher vor ihm: hier würde er sie verschmökern, in zielloser Jagd nach dem glücklichen Zufall.

Er trat ein, fragte das verlegen aufwachende Mädchen mit fröhlicher Gelassenheit, ob er sich, ohne bestimmte Kaufabsicht, umsehen dürfe, und ließ sich hier einen Krug und dort ein Bild zeigen, griff wohl auch selbst nach einem Buch oder einem Blatt und kam mehr und mehr mit dem Mädchen, das seine Schüchternheit vergaß, ins Plaudern. Im Hintergrund des weitläufigen Ladens fand er in einem Gestell eine Mappe, trug sie unters Licht und begann, sie durchzublättern.

Der alte Hofrat hatte recht gewittert: der holde Zufall, das Glück war heute mächtig. Nach einer Reihe von belanglosen Dingen, als er schon ermüden wollte, fand der Architekt das entzückendste Bildchen, das sich denken läßt. Beileibe kein Werk von großer Kunst, ja offenbar überhaupt von der Hand eines Stümpers, aber ein Bildchen, in das jeder empfindsame Mensch verliebt sein mußte, auf den ersten Blick. Rührend gezeichnet und in sauberen, ein wenig grellen Wasserfarben getuscht, stellte es ein Biedermeierzimmer am Christabend dar. In der Mitte des Raumes stand der Gabentisch, mit einem hölzernen Reiter darauf, einem vierspännigen Planwagen und einer Puppenküche. Darüber zwei Christbäumchen, mit Lichtern geputzt und mit buntem Marzipan behängt. Der Vater steht dort, das jauchzende Jüngste im Arm, zwei Schwesterchen küssen sich, ein Bub schiebt ein Wägelchen, sein Geschenk, quer durch das Zimmer, Mutter und Großmutter aber schauen gerührt auf zwei weitere Geschwister, die ein paar arme Nachbarskinder bescheren. Auf dem mächtigen, weinroten Kanapee aber lehnt, völlig vergessen, eine allerliebst gekleidete Puppe.

Der Architekt fragte, so beiläufig als er es in seiner Freude vermochte, was dieses Bildchen kostete. Er machte sich insgeheim auf einen bedeutenden Preis gefaßt, entschlossen, ihn zu zahlen, wenn er nicht gar zu unsinnig wäre: Das Mädchen entzifferte die Auszeichnung und sagte stockend, als wäre es zu viel: Dieses Bildchen kostet fünf Mark. Der Kunde, der dreißig gerne gezahlt hätte und bei fünfzig kaum schwankend geworden wäre, griff unverzüglich in die Tasche und legte ein blankes Fünfmarkstück auf den Tisch.

Im selben Augenblick ging die Tür und aus dem Schneedunkel traten zwei Männer herein, zwei Greise, ein kleiner, wieselflinker, der dienernd voranging, und ein großer, bolzengerader, der starr stehenblieb, als er, mit einem Blick, den Fremden gewahrte, über die Mappe gebeugt.

Da habe er es noch gerade recht getroffen, rief der muntere

Alte, er wisse ja, wann der Hofrat zu kommen pflege, und er habe ihm ja auch was besonders Schönes hergerichtet; er wisse, was er einem alten Kunden zu Weih-... er blieb mitten im Wort stecken, denn nun hatte auch er gesehen, daß die Blätter, die dieser Fremde durchforschte, eben die waren, die er für den Hofrat bestimmt hatte.

Der Architekt merkte nichts von der heillosen Verwirrung, die ihn umgab und die auch das Mädchen ergriffen haben mußte unter dem bittern Schweigen des Hofrats und den zornigen und hilflosen Blicken ihres Großvaters. Gelassen schloß er die Mappe, in der nichts weiter seine Aufmerksamkeit erregt hatte. Der Händler griff mit allen Fingern danach: »Sie sind fertig, mein Herr? Sie haben nichts gefunden?« rief er gierig und warf einen erlösten, einen sieghaften Blick auf den Hofrat; auch dieser trat, wie aus einem Bann gelöst, hastig näher.

Der Architekt, ein wenig verwundert, aber nicht begreifend, sagte ganz ruhig, nein, er habe nichts weiter gefunden, außer diesem Bildchen, das er bereits gekauft und bezahlt habe. Fünf Mark, es habe wohl seine Richtigkeit, das Geld liege übrigens noch auf dem Tisch. Und er nahm das Bild, das von den andern Blättern halb verdeckt gewesen war, und hielt es dem Händler hin.

Der zuckte schmerzlich zusammen; der Teufel hätte nicht tückischer wählen können als dieser zur Unzeit hergelaufene Kunde! Er hätte gar zu gern dem fremden Herrn dieses Bild wieder abgejagt, dieses Aquarell, das er seit einem halben Jahr verborgen gehalten hatte, um den Hofrat damit zu überraschen. Aber an dem Kauf war nichts zu drehen und zu deuteln. Sollte er den Preis für einen Irrtum seiner Enkelin erklären und eine verrückte Summe verlangen? Ja, wenn die geheime Zahl zweistellig gewesen wäre – aber hier stand deutlich ein einzelner Buchstabe! Und dem Herrn alles erzählen, die ganze Schuld auf das Mädchen schieben – er hatte einen Ausweg gefunden: »Nicht wahr,

Herr Hofrat«, sagte er, und blinzelte hinüber, »Sie hatten doch dieses Bild bereits fest erworben, es ist nur aus Versehen – meine Enkelin konnte nicht wissen –« Sein Versuch scheiterte an dem harten Blick des Hofrats, der kalt und mühsam hervorbrachte, indem er sich ein wenig altmodisch gegen den Architekten verneigte: er könne sich nicht entsinnen, es müßte bei dem bleiben, daß der Herr ihm zuvorgekommen sei, und einen Hirschen könne man nicht zweimal schießen. Und er fragte bescheiden, ob er das Blatt näher betrachten dürfe.

Der Architekt, der sich gern mit seiner Beute aus dem Staube gemacht hätte, denn es wurde ihm unbehaglich, gab mit ausgesuchter Höflichkeit dem alten Herrn das Bild. Der trat unter die Lampe und betrachtete es; was, betrachten! Mit den Augen verschlang er's, mit der Nase befuhr er's, mit den Lippen schmeckte er es; er würgte es gierig in sich hinein, dann wieder, wie vergessend, daß es ihm nicht gehöre, überglänzte er es mit seligen Blicken. Dies sei, sagte er endlich, das erste Bild, das ihm unterkomme, auf dem die Christbäume hängend, von der Decke herab, dargestellt seien. Und er erzählte, wie um einen Vorwand zu haben, das Blatt noch nicht weggeben zu müssen, vom alten Heidenbrauch des spukwehrenden Wintergrüns, lachte, daß der erste Pfarrer, der »gegen die waldnachteilige Verhackung der Weihnachtsbäume« gewettert hatte, ausgerechnet Dannhauser geheißen habe, und brachte eine Reihe von Schnurren und Anmerkungen vor, eifrig redend, als gelte es, einen Zauberkreis von Worten um das Bild, das unselig verlorne, rasend begehrte und nach geheimem Recht ihm gehörige Bild, zu schließen.

In der Tat benützte der Architekt denn auch die erste Lücke des Gesprächs, ihm die Beute zu entreißen, indem er auf die Uhr sah, etwas von höchster Zeit murmelte und die Hand, höflich aber bestimmt, gegen das Bild hinstreckte. Der Hofrat genoß den unwiderruflich letzten Blick auf das geliebte Blatt mit trunkenen Augen; seine Hand zitterte, er stieß einen ächzenden Seufzer aus, dann hielt er es schwankend in die Luft, abgewandten Gesichts, wie verlöschend in Qual. Der Architekt, beschämt und unschlüssig, ob er etwas sagen sollte, nahm das Bild, rollte es zusammen, steckte es in die weite Brusttasche seines Mantels und verließ mit raschem Gruß den Laden, überzeugt, daß hinter ihm ein Wirbelsturm der Wut, der Verzweiflungen und Verwünschungen losbreche. Er kam sich, während er durch den inzwischen weiß und dicht gefallenen Schnee seinem Gasthof zustrebte, bald wie ein großartiger Glückspilz vor, bald wie ein flüchtender Attentäter. Das tapfere und hoffnungslose Gesicht des alten Herrn wollte ihm nicht aus dem Sinn, ja, es schwamm vor ihm her im zitternd rieselnden Schnee. Weiß Gott, wenn der Hofrat die zugeworfene Rettungsleine ergriffen, wenn er beschworen hätte, das Bild gekannt und so gut wie gekauft zu haben, ob er, der Architekt, dann die Scherereien des Rechtbehaltens auf sich genommen hätte. Ein ritterlicher Mensch, das war er, der wunderliche Kauz; wer weiß, was der alles erlebt hat, bis er so geworden ist! Ob ich auch einmal so werden würde, gierig auf ein Bildchen, kindisch, wenn ich's nicht bekomme – der alte Knabe hätte doch beinahe das Heulen angefangen. Ob ich so werde? Ich bin ja schon so! Einem armen Teufel sein Weihnachtsvergnügen nehmen, pfui! Hätt ich's ihm doch gelassen! Kunststück, etwas entdecken, was für den andern vielleicht schon hergerichtet war. – Er schämte sich; auf der Stelle wollte er umkehren; aber der Trotz verbot es ihm. Und was ging ihn ein fremder Herr an. Und schließlich war es ein reizendes Bild, gut und gerne seine fünfzig Mark wert, auch wenn es nur fünf gekostet hatte. Einen so seltenen Fang läßt man nicht wieder fahren, einer flüchtigen Wallung des Herzens zuliebe.

Er ging auf sein Zimmer, holte das Bild aus der Tasche, betrachtete es, sorgfältig und ohne Überschwang. Sehr nett, dachte er, aber eigentlich nichts weiter. Wenn man es ohne Gnade beschaut, gibt es nicht viel her. Für den Hofrat freilich, den armen Alten, wird es zum verzehrenden Gaukelspiel des Unerreichten, schöner von Tag zu Tag. – Der Unglückliche! Tut mir leid, aber – –

Er warf wieder einen Blick auf das bunte Blatt, es gefiel ihm jetzt über die Maßen, nie würde er es hergeben. Der Hofrat – was kümmerte ihn der Hofrat! – wird jetzt auch heimgekommen sein, nichts wird er haben, um es auf den Tisch zu breiten, an das Bild hier wird er denken, mit brennendem Herzen.

Der Architekt schalt sich selber einen gefühlsseligen Narren, warf das Bild in die Tischlade, machte sich für den Abend zurecht und trat wieder ins Freie. Heute werd ich ordentlich eins trinken, dachte er. Und tat es auch. Über vieles wollte er nachdenken, ein einsamer Zecher, wie selten hatte er Muße dazu, so gut zu sitzen und die Gedanken schweifen zu lassen über die Jahre, die schon gelebten und die noch zu lebenden, ins Ungewisse hinein und mit welcher Kraft des Herzens. Aber wohin er seine Seele auch sandte, der alte Mann holte ihn ein, in hundert Verwandlungen, auf tausend Wegen kam er ihm entgegen, trat an den Tisch zu dem Trinkenden, flehte um das Bild.

Und jetzt erst recht nicht, sagte der Architekt und sagte es fast laut vor sich hin und setzte noch einen Schoppen drauf und noch einen. Und spürte doch, daß ihm das Bild nicht mehr gehöre.

Er ging spät in den Gasthof zurück, schlief schwer, erwachte wirr, sah, daß es schon hohe Zeit war, zu der Besprechung zu gehen, machte sich eilig fertig, frühstückte voll Hast und bestellte den Diener mit dem Koffer an die Bahn zu dem Mittagszug, mit dem er fahren wollte, den er unbedingt erreichen mußte.

Die Besprechung war anstrengend, der Architekt war ganz Fachmann und genauer Rechner, viel stand auf dem Spiel.

Mit knapper Not wurde bis zur Mittagsstunde eine vorläufige Einigung erzielt, um 12 Uhr 36 ging der Zug, er stieg in das Taxi, auf dem Bahnhof war ein bewegtes Treiben, natürlich, am Tage vor Weihnachten! Mit dem Worte Weihnachten fiel ihm der Hofrat ein und das Bild – das Bild, das wahrhaftig jetzt im Hotel liegengeblieben war – im Schubfach!

Der Diener stand da mit dem Koffer. Es eilte sehr. »Hören Sie«, sagte der Architekt, »ich habe ein Bild liegengelassen –« »Wird nachgeschickt!« fiel ihm der Diener beflissen ins Wort. Aber der Reisende, indem er sich schon aufs Trittbrett schwang, lachte plötzlich, und es war das gute Lachen des Siegers, der sich selbst bezwingt: »Nein«, rief er, »nicht nachschicken! Tragen Sie es gleich, jetzt, sobald Sie heimkommen, zu dem Antiquar an der Brücke, er soll es dem Hofrat bringen, dem es gehört. Und die fünf Mark, die es gekostet hat, soll er seiner Enkelin geben, als Schmerzensgeld, denn sie wird genug gescholten worden sein!« Und der Diener rief, dem fahrenden Zug nach, ein wenig ungewiß, was der Auftrag bedeuten solle, er werde es genau so ausrichten. Und er wünsche dem Herrn fröhliche Weihnachten.

Der Zug war überfüllt, aber der Architekt fuhr erster Klasse, es kam ihm nicht drauf an, das war heute ein Abschluß von Hunderttausenden gewesen. Und er war noch vergnügter darüber, daß er eine Sache in Ordnung gebracht hatte, im Wert von fünf Mark. So billig, lachte er in sich hinein, so recht billig habe ich noch nie fünf Menschen eine Weihnachtsfreude gemacht: einem alten Mann, noch einem alten Mann, einem Mädchen, mir selber und, wenn ich's ihr erzähle, meiner Frau auch – und wenn ich ihr auch nichts mitgebracht habe als diese Geschichte. –

Inhalt
in alphabetischer Reihenfolge

Gedichte

Erzählungen und Anekdoten